日米開戦の真因と誤算

歴史街道編集部 編
Rekishikaido

PHP新書

日米開戦の真因と誤算

目次

第1部　政治、外交編

第2部　空母機動部隊編

第3部　真珠湾攻撃編

第１部

政治、外交編

日米開戦への道（欧米とアジア・並列年表）

西暦	和暦	月	欧米の動き	アジアの動き
1931	昭和6	9		満州事変、勃発
1932	7	3		満州国、建国
		7	ナチスがドイツの第一党に躍進	
		10		リットン報告書
1933	8	3		日本、国際連盟を脱退
		10	ドイツ、国際連盟を脱退	
1934	9	12		日本、ワシントン海軍軍縮条約の単独破棄を通告
1935	10	3	ドイツ、再軍備を宣言	
1936	11	11	日本とドイツ、防共協定を締結	
		12		西安事件
1937	12	7		盧溝橋事件、勃発
		8		第二次上海事変、勃発（日中、全面戦争へ）
		11	イタリア、日独防共協定に参加	
		12	イタリア、国際連盟を脱退	
1938	13	3	ドイツ、オーストリアを併合	
1939	14	5	ドイツとイタリア、軍事同盟を締結	ノモンハン事件、勃発
		8	ドイツとソ連、不可侵条約を締結	平沼騏一郎内閣、総辞職
		9	ドイツ、ポーランドに侵攻（第二次世界大戦、勃発）	日本、欧州戦争不介入を宣言
1940	15	6	ドイツ、フランスを降伏させる	
		9		日本、北部仏印に進駐
			日本、ドイツ、イタリア、三国同盟を締結	
		10	アメリカ、屑鉄の対日輸出を禁止	
1941	16	4		日本とソ連、中立条約を締結
			日米交渉、開始	
		6	ドイツ、ソ連に侵攻	日本、南部仏印進駐を決定
		7		日本、南部仏印進駐を実施
		8	アメリカとイギリス、石油輸出禁止など対日制裁を実施	
		11	アメリカ、日本に「ハル・ノート」を提示	
		12	日本、真珠湾を攻撃。太平洋戦争、勃発	

日中戦争の背後に見えてきた影

保阪正康

満州事変と満州国建国を批判するアメリカは、
国民党の蔣介石《しょうかいせき》政府の支援にふみきる。
そして、日中戦争へ入っていく日本の国際的孤立を、陰に陽に図った。
中国大陸にのびたアメリカの影は、
日本になかなかわからなかったが……。

アメリカで高まった日本への警戒心

歴史的現象には必ず因果関係がある。昭和十六年（一九四一）十二月八日の日本軍による真珠湾《しんじゆわん》攻撃を「果」とするならば、そこに至る「因」がある。本稿はそれを検証してみようというのが狙いである。

明治三十八年（一九〇五）、日本はロシアとの戦争に勝利を得ることで、国際的には一等国の仲間入りをすることになった。この日露戦争を終結するにあたって、アメリカはその仲介役を買ってでて、ロシアが中国（とくに満州）にもっていた権益（遼東《りようとう》半島の〝併合〟など）を、一定の枠内で日本側に認めるよう斡旋《あつせん》するなど、表面上は確かに日本に有利な対応策をとった。日本は満州に門戸開放策をとるようロシアに訴え、それを拒《こば》むロシアとの戦いに入ったという経緯があったから、アメリカやイギリスの支援を受けることができたともいえた。

ところが日本の軍部は、満州の占領地からなかなか撤退しようとせず、あまつさえ満蒙《まんもう》独立運動を画策するなどしたため、アメリカの感情を刺激することになった。加えて日露戦争以後は、中国でも孫文《そんぶん》を中心とする革命運動がより活発になり、日本はアメリカと中国からその国策がつねに関心をもたれるようになった。

アメリカ国内での反日運動は、日露戦争直後にサンフランシスコで日本人の子弟が学校にかよえなくなるという形で明らかになった。さらにアメリカ政府は、南満洲鉄道の中立化を要求するなどしたため、それを受けいれ難《がた》いとする日本政府との対立が浮きぼりになった。アメリカは明らかに、アジアで欧米先進帝国主義のような力を発揮していく日本に警戒心を高めることになったのだ。ただ日本はイギリスとの間に日英同盟を締結（明治三十五年〔一九〇二〕）していて、アジアにおいて日本とイギリスはそれぞれの既得権を相互に認めあっていた。それがアメリカにとって、外交戦略のうえでは障害ともなっていたのだ。

そのような構図が明らかになったのは、第一次世界大戦時（一九一四～一八年）である。日本は日英同盟の誼《よしみ》もあって参戦を決定するが、当初対独戦に参戦を要請していたイギリスは、アメリカからの強い要求を受け、その要請を取りさげるという経緯もあった。しかし日本は強引に参戦し、ドイツの占領下にあった中国の青島《チンタオ》を攻撃して占領した。

もとより中国は強い抗議を行なったが、そのときもアメリカにその旨《むね》を伝え、アメリカの諒承《りょうしょう》を得たという形を採《と》っていた。

日本はこの抗議を無視し、むしろ中国に対して二十一カ条の要求をつきつけた。この要求のなかには中国を属国とするかのような条項が含まれていて、列強はヨーロッパで苛酷な戦いを続けているときだけに、「弱体な中国に進出して利権を手に入れ、日本の勢力を植えつけようとする諸要求が、火事場泥棒という非難を浴びたのも無理はない」（猪木正道『軍国日本の興亡』）という見方がされたのも無理はなかった。

第一次大戦は、戦争の形態を大きく変えた。それを一言でいえば、国家総力戦体制によって戦争の結果が決まる、ということであった。同時に、戦車や飛行機、それに毒ガスが登場した近代戦の悲劇が、人類のこれまでの戦争観を一変させることになった。日本は戦備や戦略の面で著《いちじる》しく遅れてしまったのである。

それに加え、戦争末期にシベリアにいるチェコ軍救援のためにアメリカは日本にも共同出兵を要請し、それを受けて日本も出兵したが、各国が引き揚げたあとも日本はシベリア駐留を続けた。そのために日本は国際的にも汚名を浴びることになる。こうしたプロセスを詳細に見ると、アメリカやイギリスの要請に日本はつねにふり回されていて、つまりは批判を浴びる結果になっている。軍事主導、外交下手というのが正直な姿だったとも考えられるのだ。

日英同盟の破棄と四国条約の締結

第一次大戦後のヴェルサイユ会議、その後のワシントン会議によって国際社会は、アメリカ主導の国際協調路線が敷かれた。疲弊したヨーロッパの国々に代わって、アメリカはもっとも無傷でいたうえに、中国への軍事介入をめざす日本を仮想敵国と見て、海軍増強を計画し、日本の海軍もまたアメリカを当面の敵として軍備拡充をめざすことになった。国際社会の底流では、日米対立という芽が少しずつ広がっていたのである。

ワシントン会議は、大正十年（一九二一）十一月十二日から翌年二月六日までのおよそ三カ月間、開かれた。参加国は日米英伊仏中、それにオランダ、ベルギー、ポルトガルの九カ国で、ドイツとソ連は参加していないが、この会議によって一九二〇年代の国際秩序がつくられた。九カ国はそれぞれの思惑を秘めて討議を続けたが、中心になったのは海軍戦備の縮小と対中国政策、それに武力ではなく話し合いによる懸案事項の解決の三点である。しかし、より鮮明になったのは、日米間の対立であった。

アメリカは、日本の中国大陸への進出と太平洋への野心に警戒心を顕《あら》わにした。とくに、日本は第一次大戦の勝利によってドイツが押さえていた南洋諸島を委任統治領としたが、ここを拠点に太平洋に進出してくるのではとアメリカは不安に思い、海軍戦備の制限に積極的となったのである。

同時に、アメリカ国内では日本移民の排斥問題が起こっていて、これに日本は反発を示していた。加えて、その背景にある人種間の対立にも日本は神経をとがらせていた。

日本とアメリカの対立は、ヨーロッパの国々がアジアにもっている植民地権益に対して、後発の植民地主義の盟主争いのような意味があった。とくに中国に対しては、アメリカが提唱した「中国の主権尊重、領土の保全、門戸開放、機会均等」という案が他の国々の諒解を得ることになった。日本はそれに異を唱えてイギリスの助力を頼りにしたのだが、それはかなえられずに結局は九カ国条約の締結となった。

そして海軍戦備も、主力艦の保有にあたっては、米英日の比率が五・五・三に決まった。日本国内にはこの比率に不満の声はあったが、しかし加藤友三郎《かとうともさぶろう》海相の勇断でこれを受けいれた。日本の国力は正直なところ、これでもまだ膨張しすぎというのが実態であった。

アメリカはこうして日本に軍事的、心理的にもその膨張政策を抑えるよう要求したが、さらに重要なのは日英同盟の破棄をイギリスに強く働きかけていたことだった。イギリスは第一次大戦にあたってアメリカから膨大な債務を背負っていたこと、アメリカとの友好が第一義であること、などをあげてこれを受けいれるが、アメリカをして日本の軍事的膨張は日英同盟の故《ゆえ》だと執拗《しつよう》に責められて、渋々《しぶしぶ》この破棄に踏みきったともいえた。日英米仏の四国条約の締結によって、自動的に日英同盟は消滅したことになる。

明治後期から大正期の日本外交を根幹から支え、日本に多くの権益を保障してきた日英同盟が、アメリカによって潰《つぶ》されたことにより、日本は国際的には孤立化せざるを得ない状況に追いこまれていくことになった。こうしたワシントン会議の内実を見ていくと、日本は外交交渉ではアメリカの戦略にみごとに組みこまれていくことになった。

とはいえ、アメリカ国内では排日移民法により、日本人の移民をますますしめだすという方向が強まり、日本では〝日米もし戦わば〟という書がベストセラーになるなど、対立感情はそれぞれの社会に沈殿《ちんでん》していった。

満州事変が意味するもの

一九二〇年代（日本では大正九年〜昭和四年になるが）は、日本はこのワシントン会議にもとづく「ワシントン体制」を順守していた。たとえば、昭和二年（一九二七）には幣原《しではら》外相が帝国議会での外交演説で、「（中国に対しては）その主権、領土を尊重し、その国内の騒乱《そうらん》には干渉《かんしょう》しない」とか「中国の国民の要望に対しては同情と好意を以《もっ》て答え、その実現に努力すること」などの姿勢を明らかにした。大正末期から昭和初期にかけては、日本の国策は確かにアメリカとの対立を抑えていたといえる。

しかし、日本の軍部（主として陸軍）は、こうした協調外交に批判的であった。とくに中国では民族意識が昂揚《こうよう》し、反帝国主義運動が全土に広がると、それに軍事的に対抗しようとする日本陸軍は、露骨に介入の意思を示した。関東軍の参謀たちは、満州に広がる抗日運動に危機感をもち、石原莞爾《いしわらかんじ》のように「満蒙独立」の私見をもって軍内を説得する将校もあらわれた。こうした危機感を背景に、日本軍の第一次（昭和二年）、第二次（昭和三年）にわたる山東《さんとう》出兵や満州軍閥の張作霖《ちょうさくりん》爆殺事件（昭和三年）などが起こった。

このような期間、アメリカは中国に対して軍事力よりも経済、政治の両分野で影響力を強めるようになり、日本の国策とは著しい違いを見せることになった。このような戦略の違いも、日本とアメリカの外交政策の違いに起因していたのである。

昭和六年（一九三一）九月の関東軍による満州事変は、日本のこれまでの協調外交の放棄を意味することになった。この事変が一方的に拡大し、翌年三月に日本によって満州国が建国されると、アメリカはこれはワシントン会議の折に結ばれた各種の条約（たとえば、九カ国条約と四国条約など）に違反すると批判し、中国国民党の蔣介石政府の援助にふみきった。

当時、国際連盟が発足していたが、アメリカはモンロー主義（孤立主義）のもとに加入していなかった。しかし現実には、アメリカは国際連盟と緊密に連携をとっており、国際連盟内部での「対日批判、中国支援」は、アメリカ政府の方針とも合致していた。

昭和八年（一九三三）三月に日本は国際連盟の脱退を通告（正式脱退は昭和十年三月）、やがて日中戦争にと入っていくが、アメリカは日本の軍事膨張が中国に照準をしぼっていると判断すると、陰に陽に日本の国際的孤立化政策を進めていった。アメリカのその影は、日本にはなかなか正体がわからないようになっていたが、日中戦争がしだいに泥沼化した状態になると、中国の背後に控えているアメリカと対峙《たいじ》しなければ日本の進路は開けないとの考えが、国内に充満するようになった。

それがやがて太平洋戦争にいきつく、もっとも大きな理由であった。

国際秩序を築く構想力が日米ともに不足していた

井上寿一

満洲事変、国際連盟脱退、日中戦争……。
日米開戦前夜の一九三〇年代は、
日本が孤立へとひた走ったかのように見える。
しかし、一九二〇年代の世界の外交から辿《たど》っていくと、
それとは異なる日本の姿と、日米開戦の原因が浮かび上がってくる。

一九二〇年代の国際協調、そして満洲事変

一九二〇年代の世界は、「国際協調」というキーワードで言い表わせる。

第一次世界大戦後の国際協調システムとして、アメリカが提唱した国際連盟——アメリカ自身は入らなかったが——は一九二〇年（大正九年）に発足した。

また、一九二一年（大正十年）から翌二二年にかけて、アメリカがリードして、ワシントンD.C.で国際会議が開かれた。一般に「ワシントン会議」と呼ばれるこの会議で結ばれた条約は、国際協調の一つの基盤として位置づけられるものである。

日本もまたこの会議で結ばれたワシントン海軍軍縮条約に加わり、国際連盟に常任理事国として加盟した。日本外交の基調は一貫して対米英協調であり、特に対米協調にウエイトが置かれていた。

一九二〇年代、日本はアメリカにとって、アジアにおける最も安全有利で確実な投資先になった。

一方、日本にとってのアメリカは、中国以上に重要な貿易相手国であり、アメリカ市場は日本経済にとって大きな意味をもっていた。

このように経済を中心として、日米両国は協調関係を維持した。このことを、日米関係の

前提として押さえておきたい。

一九二〇年代の日米は、アメリカの排日移民問題が原因で対立したといわれることがある。しかし実際には、排日移民問題が日米関係全体を揺るがすまでには至らなかった。少なくとも、排日移民問題で対立したからといって、「戦争に訴えなければ解決できない問題だ」と、日米両国は考えなかった。排日移民問題よりも経済的な関係のほうが、当時はより重要だったからである。

いかなる二カ国関係であっても、潜在的には対立点が存在する。しかし、協調したほうがいいと判断されれば、そちらが優先される。一九二〇年代の日米関係は、その典型だった。日米に英を加えた三国の協調関係が頂点に達したのは、一九三〇年（昭和五年）のロンドン海軍軍縮条約である。

条約の調印に際しては、保有する補助艦の比率をめぐって厳しいやり取りが交わされ、時間もかかった。しかしその分、お互いに相手の国内事情を理解するようになり、本当の意味での協調関係を結ぶことができたと評価できる。

翌一九三一年（昭和六年）の満洲事変で、日本は国際的に孤立したとイメージされるが、その見方は一面的だ。ロンドン海軍軍縮会議での協調関係があったからこそ、事変後も対米英関係は決定的悪化に至らなかった、といっても過言ではない。

アメリカについていえば、事変が起きた当初、スチムソン国務長官と幣原喜重郎《きじゅうろう》外相との間で意思疎通ができていた。そのおかげで、「幣原外交が事変の不拡大を実行するだろう」とアメリカ側は期待した。満洲事変によってすぐに日米が決定的に対立することはなかった。

イギリスはアメリカ以上に日本との協調関係を重視し、国際連盟との間に入って、日本を連盟に止《とど》まらせようとした。その具体的な表われが、イギリスのリットン卿《きょう》を団長とする国際連盟の調査団である。

リットン調査団の報告書をよく読むと、「日本と中国のどちらか一方が悪いのではない」という内容になっている。これを「和解の書」と表現されることもあるように、対立を助長するのではなく、和解を促すためのものだったのである。

一九二〇年代に築かれた対米英協調によって、米英は日本の満洲事変の不拡大方針を間接的に支援したといえるかもしれない。

日中戦争が「戦争ではない戦争」だった理由

一九三三年（昭和八年）二月、満洲事変をめぐる対日非難勧告が国際連盟で採決されると、松岡洋右《ようすけ》首席全権が総会議場から退場し、翌三月に日本は国際連盟脱退を正式に通告した。

ただし、脱退の発効は二年後の一九三五年（昭和十年）である。それまでは、日本が国際連盟に残るという選択肢は消えていなかったし、国際社会から完全に孤立したわけでもなかった。

実際のところ、松岡が国際連盟総会議場を退場した四カ月後の一九三三年六月、世界六十カ国以上が参加したロンドン世界経済会議に、日本は出席している。

ロンドン世界経済会議の目的は、一九二九年（昭和四年）に始まった世界恐慌への対応を議論することだった。

世界恐慌を克服するための方法として、イギリスはブロック経済を主張し、アメリカは自由貿易の拡大を主張した。

米英の対立が解消されることはなかった。会議は具体的な成果を見ずに終わった。この国際会議で日本はアメリカの支持にまわっている。

その背景には、金本位制離脱によって生じた円安のメリットを活かし、輸出の拡大をめざす高橋是清《これきよ》蔵相の経済政策があった。

この頃、日本はアジアやアメリカに止まらず、アフリカや中南米など、地球の反対側にまで輸出するようになった。これが日本の恐慌克服政策だった。

そうだからこそ、日本はロンドン世界経済会議でアメリカに賛成した。国際連盟脱退通告後も、日米協調重視の外交基調は変わらなかった。

それでは一九三七年（昭和十二年）七月に始まる日中戦争は、日米関係にどのような影響を与えたのだろうか。

アメリカは、道義的には中国の肩をもちつつ、実質的には中立的な立場を取った。「戦争の当事国に関与しない」という「中立法」があったからだ。

アメリカ経済に依存しながら中国との戦争を続けていた日本は、対米貿易に支障をきたさないよう、「これは戦争ではない」という態度を取って、日中戦争を「日華事変」と称した。対する中国もアメリカの日本に対する制裁を期待していたものの、アメリカとの関係が切れるのは困るから、日本と同様に「戦争ではない」という立場を取った。

こうして双方が宣戦布告せず、「戦争ではない戦争」という奇妙な戦いを繰り広げることになったのである。

話を本題に戻すと、日中戦争が起こった時の近衛文麿《このえふみまろ》内閣以降、平沼騏一郎《きいちろう》、阿部信行《のぶゆき》、米内光政《よないみつまさ》と、短命内閣が続いた。そこに共通するのは、「対米関係は守らなければいけない」

という外交方針だ。

それは、「経済の対米依存」という日本の現実が、日中戦争の間も十分、認識されていたことの表われである。

日米戦争の遠因とは

こうして見ると、日本は日中戦争下の一九三〇年代も、対米英協調という外交基調を堅持しようとしたといえる。

他方で一九二〇年代末から蔣介石政権下で国家統一が進む中国のナショナリズムをめぐって、日米英三国の足並みが乱れたことを指摘しておく必要があるだろう。

日本は、米英と協調して中国ナショナリズムに対応しようと考えていたが、アメリカとイギリスは個別に中国と外交交渉を進め、少しでも中国を自国に引きつけようとした。

この足並みの乱れが、三国の協調関係に大きな影響を及ぼし、日米英戦争の遠因になったといっていい。

さらに重要な遠因として考えられるのは、一九三〇年代にふさわしい国際秩序が生まれなかったことだ。

そこに大きく関わってくるのは、アメリカの変化である。

一九二〇年代のアメリカは、ワシントン会議を主導するなど国際協調のリーダー役を務めた。しかし、一九三〇年代に入ると、孤立主義を指向するようになった。特にルーズベルト大統領がニューディール政策を打ち出してからは、できるだけ国際関係に関与せず、世界恐慌で痛手を負った経済の再建に注力した。

それに加え、一九三〇年代に「国際連盟はヨーロッパの国際機構でいい」という考え方が国際社会に広まったことも大きかった。全世界的な問題として取り上げる対象は経済分野に限り、ヨーロッパの安全保障の問題に専念して、満洲問題以降は、東アジアの安全保障は国際連盟が取り上げる対象ではなくなっていった。

国際協調システムを主導する意思も外交指導力も失ったアメリカ。

非ヨーロッパ世界の面倒まで見たくない国際連盟。

このように、欧米列強の関心が薄れた結果、「国際秩序の空白」が東アジアに生まれてしまった。そこにさまざまな直接的要因が加わってきて、日米開戦に至った。

その意味で、「東アジアにおける国際秩序の空白」が、日米戦争に至る大きな遠因だったといえるのである。

日米の決定的問題

日米戦争の直接的な要因として、一九四〇年（昭和十五年）の日独伊三国同盟がよく指摘される。

ヨーロッパからの移民で成り立つ国であるアメリカは、ドイツに席巻《せっけん》されたヨーロッパを放っておけず、いずれドイツと戦うことを決意した。それまで、アメリカには日本と戦争する意思がなかったものの、ドイツと同盟を組んだことによって、日本は「叩くべき敵」となった。

この見方は、大枠で間違いではない。

また、一九四一年（昭和十六年）七月の南部仏印《ふついん》進駐は、日本が基地を置くことでアメリカの植民地であるフィリピンを直接、攻撃できるようになるため、「アメリカと戦う気だ」とアメリカは見て、態度を硬化させることにつながった。戦後、日本陸軍の関係者たちが、「アメリカを怒らせた」として南部仏印進駐を批判しているが、これも大きなポイントだっただろう。

さらに一九四一年十一月に出された「ハル・ノート」が、日本に開戦を決断させる要因となったのは確かである。

遠因と直接的な要因が絡み合い、紆余《うよ》曲折《きよくせつ》を経て、本来、「戦争で解決するしかない問題」が存在しなかったはずの日米間で、一九四一年十二月八日に戦端が開かれた。ロンドン海軍軍縮条約からわずか十一年後のことである。

以上のように、戦争に至るまでの経緯を振り返ったとき、「日米それぞれが、明確な一九三〇年代の国際秩序構想をもっていなかった」ところに決定的な問題があったと捉えられる。

こうした国際秩序を構想する力は、現在の日本外交にも求められている。

冷戦時代の日本は、対米関係を中心に据えていればよかった。しかし、いまのアメリカは冷戦時代のアメリカではない。

トランプ大統領（当時）からは、「これ以上、持ち出しで東アジアの安全保障に関わりたくない」という意図が露骨に見え、それは現代版の孤立主義のように映る。

このような「アメリカの変化」に対するとき、日本に必要なのは自立的な外交であり、そこに不可欠なのは国際秩序の青写真である。とりわけ東アジア国際秩序の具体的な構想を描き、アメリカ、中国、韓国、北朝鮮、ロシアとの関係を位置づけ直す。そのうえでこの国際秩序構想を実現するためにどういう外交を展開したらいいのかを考える。

それができなければ、日本の外交的なポジションはさらに低下し、かつてのように、国益を守るのが難しい事態となるだろう。

一九三〇年代、日本は単独で国際秩序を構築する力はなかった。そのため東アジアをめぐって、アメリカと協調することで国際秩序をつくり上げていく必要があった。

しかし日本には、孤立主義のアメリカとどのような二カ国関係を築いていけばいいのかという、国際秩序を構想する力が足りなかった。それがひいては日米開戦を招いてしまったのである。

開戦への導火線——アジアとヨーロッパで何が起きていたのか

平塚柾緒

太平洋戦争はなぜ起きたのか。
満州事変が勃発した時期から、
アジアとヨーロッパの出来事を突き合わせていくと、
開戦に至るまでの様々な背景が浮かび上がってくる。
中国で起きていたこと、米英の日本に対する態度、
ドイツの思惑……。
見えてくる戦争の実相とは。

リットン報告書は日本をそれほど非難していない

太平洋戦争は、なぜ起こったのか。その原因を考えるには、様々な視点があるだろう。ここでは満州事変のあたりから太平洋戦争に至るまでの出来事を、アジアとヨーロッパ両方を年譜的に追っていくことで、〝開戦への導火線〟を解説していきたい。

といっても、満州事変が太平洋戦争の起点だった、と言いたいのではない。後世から見ると、満州事変以降、日本は太平洋戦争に突き進んでいったかのように思える。しかし、その間にも様々な出来事があり、日本は一直線に対米英戦へと向かったわけではない。そうした背景を知るためにも、まずは満州事変から説き起こしていきたい。

満州事変は一九三一年（昭和六年）九月、満州（中国東北部）に駐留する関東軍によって引き起こされた。当時、日本は日露戦争の勝利によって、ロシアが保有していた南満州鉄道とその付属地の権益を引き継いでいた。

満州における日本陸軍の出先機関だった関東軍は、それだけでは防衛上、ソ連に対抗することはできないと考え、満州全域を押さえようと事変を起こしたのだった。そして翌一九三二年（昭和七年）三月、満州国の建国を宣言した。この日本と満州国に対して、国際連盟はリットン調査団を派遣してきた。

ただ、十月に発表された「リットン報告書」は、一般に思われているほど日本を非難していたわけではない。満州国を日本の傀儡《かいらい》国家としつつも、日本の満州における特殊権益を認め、日本に中国と新たな条約を結ぶように勧告する内容であった。

どちらかというと、日本に対して「まあ、しようがない」というようなものであった。この頃はアメリカとイギリスも、日本と絶対に戦おうというような、強い敵対意識はなかっただろう。しかしながら、日本政府はリットン報告書の内容を受け入れず、一九三三年（昭和八年）三月に、国際連盟を脱退する。

受け入れなかったのは、当時の国内状況も影響しただろう。というのも、その二年前に陸軍青年将校グループによる軍部内閣樹立のクーデター未遂事件（三月事件、十月事件）が、前年には海軍の青年将校らによる五・一五事件が起きており、軍部に不穏な動きがあったからだ。

そして国連脱退後の一九三六年（昭和十一年）には、首都・東京を恐怖に陥れた二・二六事件が起きている。この二・二六事件は、その後の日本の進路を決定づける。すなわち、事件後に登場した広田弘毅《こうき》内閣は、組閣に当たって陸軍の露骨な介入を受け、さらに陸軍の圧力によって「軍部大臣現役武官制」を復活させたのである。

明治三十三年（一九〇〇）の第二次山縣有朋《やまがたありとも》内閣のときに、陸相と海相は現役の中将・大将から選ぶとされたが、大正二年（一九一三）の山本権兵衛《ごんべえ》内閣のときに、軍部大臣は予備役・後備役《こうびえき》でもよいとされていた。それを陸軍は、広田弘毅新首相に「軍部大臣現役武官制」として復活させたのだ。

そして以後は、自分たちが気に入らない組閣には現役軍人を陸相に出さないという形で妨害し、流産させようとしたのである。昭和十五年（一九四〇）に米内光政内閣が総辞職に追い込まれたのはその典型で、ときの陸相・畑俊六《はたしゅんろく》大将を辞任させ、後任を出さなかった。

こうして軍部——陸軍の横暴はつのり、軍部独裁への流れは強まっていった。この軍部独裁の発端になったのが、満州事変を起こした石原莞爾や板垣征四郎《いたがきせいしろう》らの行為（謀略）を黙認した、軍首脳にあったことはいうまでもない。

日本とドイツの接近は対米英を想定したものではなかった

一方、この頃、ヨーロッパで注目すべき動きが出てくる。

リットン報告書が発表される前の一九三二年の七月、アドルフ・ヒトラー率いるナチス（国家社会主義ドイツ労働者党）が、ドイツの第一党に躍進し、翌年一月にヒトラーがドイツ首相に就任。そして、この年の十月、ドイツは国連を脱退する。

日本の国連脱退はその半年前のことであり、くしくも第二次世界大戦をともに戦う日独が、同年に国連を脱退したことになる。しかし、この頃の日独は密接な関係にはなく、ドイツの脱退は日本と連携したものではなかった。

なお、ヒトラーが首相になった一九三三年の三月、アメリカではフランクリン・ルーズベルトが大統領に就任している。

ヨーロッパの動きを、もう少し追っていこう。ヒトラーは、一九三四年に首相と大統領を兼務するようになり、翌年三月には、ドイツの軍備制限が設けられていたベルサイユ条約の一部破棄を宣言する。

そのドイツと日本が、眼に見える形で近づくのは一九三六年のことである。

この年の七月、スペインで人民戦線政府とフランコ率いる軍部による内戦が勃発する（スペイン内戦）。これを受け、ドイツとイタリアがフランコ側を、対する人民戦線政府側をソ連が援助するようになる。

こうした状況の中、ソ連と満州で対峙していた日本は、ドイツと利害関係が一致し、十一月に日独防共協定を結ぶ。つまり、この協定は、この段階では対米英を想定したものではなく、防共、要するに対共産主義、対ソ連を想定したものであった。これを機に両国は急接近していくこととなる。

日中の全面対決が米英を刺激した

日独防共協定が結ばれた直後の一九三六年十二月、中国の国内情勢が大きく変わり始める。

当時、中国は蔣介石率いる国民党と、中国共産党が内戦状態にあった。ところが、中国共産党討伐のために西安《せいあん》にいた張学良《ちょうがくりょう》が、督戦《とくせん》に訪れた蔣介石を監禁（西安事件）。国民党と共産党が手を握って日本に対抗する「国共合作」への道筋をつくる。

それまでの中国は、軍閥《ぐんばつ》同士が各地で衝突したり、共産党と国民党が対立したりと、争乱状態にあったが、ここにきて国内統一の動きが本格化してきた、と見ていいだろう。

その翌年の七月七日、北平《ペイピン》（北京）郊外の盧溝橋《ろこうきょう》で、日本軍と中国軍との間で小競り合いが生じる。この時、日本の陸軍内では戦線拡大派と不拡大派が対立し、近衛文麿内閣は華北への派兵を決定。「挑発には断固たる態度を取る」との声明を発する。一方の蔣介石も、中国各地での抗日運動の高まりを背景に、四個師団を北上させる。

もっとも、一旦は現地で停戦協定が成立したために、日本の動員計画は延期される。しかし、近衛声明によって中国側は態度を硬化させ、蒋介石は徹底抗戦の談話を発表する。

このような緊張状態の中、八月には上海《シャンハイ》でも日中両軍が衝突する。こうして日本と中国は互いに宣戦布告のないまま、全面対決の様相を呈していくのである。

アメリカとイギリスが本格的に日本を敵視し始めるのは、この頃からである。日本が中国で勢力を拡大し、北京、上海を押さえていく中で、両国は危機感を抱いたに違いない。というのも、イギリスは上海や香港《ホンコン》といった中国国内だけではなく、マレー半島など東南アジアにも権益を持っていたからだ。フィリピンを統治下に置くアメリカもまた、中国での権益拡大を考えていた。

そんな両国にとって、日本が蒋介石政権を倒し、中国大陸を押さえるのは、自身の勢力後退に繋《つな》がる。そのため両国は、重慶《じゅうけい》に退いた蒋介石を支えようと、ビルマや仏領インドシナ（仏印。現在のラオス、カンボジア、ベトナム）からの〝援蒋《えんしょう》ルート〟を通じて、物資を援助していくこととなる。

躍進するドイツに対し、日本、そして米英は……

日本が日中戦争の泥沼にはまりつつある頃、ヨーロッパ情勢も大きく変わり始める。

日中戦争が始まった三カ月後の一九三七年十一月、イタリアが日独防共協定に参加し、翌十二月に国際連盟を脱退する。さらにヒトラー率いるドイツが、第一次世界大戦後に構築されたベルサイユ体制の打破へと、動き始めるのである。

一九三八年三月、ドイツはオーストリアを併合。続いて九月には、チェコスロバキアにズデーテン地方を割譲《かつじょう》させる。さらに一九三九年三月には、チェコスロバキアそのものをチェコとスロバキアに分離独立させ、それぞれを保護国にする。

ドイツが次にポーランドを狙うのは明らかであり、ドイツに対して宥和《ゆうわ》政策をとってきたイギリスとフランスは態度を硬化させる。イギリスのチェンバレン首相は、「ポーランドの独立が脅《おびや》かされた時には、最大限の援助をする」と演説。ただちに徴兵制を実施し、軍備の強化に入った。

イギリスとの対立が決定的となったドイツは、この頃から日本に対して、防共協定を軍事同盟へと強化しようとアプローチするようになる。日本との同盟により、アジアに植民地を持つイギリスを牽制《けんせい》しようと考えたのだ。

これは、日本で様々な議論を巻き起こす。陸軍はドイツの提案に基づき、同盟の対象をソ連だけではなく、英仏をも加えようと主張する。それに対して海軍などは、対象をソ連に限るべきとした。英仏を相手にすることは、その同盟国であるアメリカをも敵に回すことになるからだ。

この交渉は紆余曲折を経る。一九三九年五月、満州とモンゴルの国境で、関東軍とソ連軍が武力衝突する（ノモンハン事件）。ソ連の脅威《きょうい》が目に見える形となった陸軍は、ますますドイツとの軍事同盟の必要性を強くしていく。ところが八月二十三日、そのドイツが突然、ソ連と不可侵条約を締結。これに驚いた平沼騏一郎内閣は、「欧州情勢複雑怪奇」との声明を出して総辞職。日独の同盟交渉も頓挫《とんざ》する。

その直後の九月一日、ドイツはついにポーランドへと侵攻。英仏がドイツに宣戦布告をし、第二次世界大戦が勃発する。イギリスの同盟国であるアメリカは、世論の反対により参戦まではいかないものの、ルーズベルト大統領は反ドイツの姿勢を明確にしていく。

アジアの植民地をめぐり対立は決定的に

こうした欧州での戦争に対し、日本は当初、不介入を宣言していた。ところが、ドイツの快進撃によって流れが変わってくる。

ドイツは一九四〇年六月にフランスを降伏に追い込み、八月に入るとイギリス本土への爆撃を始めるなど、全ヨーロッパを制覇するかのような勢いを見せる。これを受け、日本では陸軍を中心に「バスに乗り遅れるな」と、南進論が勢いを増す。

九月二十三日、日本軍は南進を開始、北部仏印に進駐する。アメリカとイギリスの援蔣ルート遮断のためと、南方の資源獲得のための基地確保であった。さらにその四日後、日独伊三国同盟が締結される。

私はここが、日米開戦を考える上で、重要なポイントになったと考える。この時、ヨーロッパの戦争と、日中の戦争が完全に結びつく形となり、米英の対日姿勢を決定的に硬化させたからである。

日本の北部仏印進駐に対し、アメリカは屑鉄《くずてつ》輸出を禁止し、イギリスもビルマからの援蔣ルートを再開していく。

アメリカの対日制裁を受け、日本は一九四一年四月から、ワシントンで日米交渉を開始する。しかし、双方に妥協する姿勢は見えなかった。

そうした中、六月二十五日、日本は南方の資源獲得のために、南部仏印への進駐を決定する。イギリスはドイツの攻勢の前に敗北寸前で、オランダはすでにドイツ占領下にあった。日本としては、その両国の権益下にある、マレー半島やオランダ領東インド（蘭印《らんいん》。現在のインドネシア）を占領することを視野に入れての進駐である。

ドイツ占領下のフランス政府としては、ドイツの同盟国日本の南部仏印進駐を拒むことはできなかった。しかし米英にとって、日本の動きは自身の権益をさらに脅かすものだった。かくしてアメリカは、日本の在米資産凍結、石油の対日全面禁輸を実施し、イギリスも在英日本資産の凍結、通商航海条約の破棄を通告する。こうして、日本は米英と決定的に対立し、日米交渉もまとまることなく、開戦へと一直線に突き進む。

このように見てくると、日米開戦には、欧米のアジアの植民地が大きく関わっていたことがわかる。海軍出身の政治学者・池田清《きよし》氏は、太平洋戦争についてこう記している。

「日・英・米帝国主義列強間の東南アジア植民地の再編成をめぐる角逐《かくちく》であった」（『太平洋戦争全史』）

太平洋戦争とは、アジアにおける勢力争いとヨーロッパにおける戦争が結びつく形で、引き起こされたものと言えるのである。

インテリジェンスで読み解く真珠湾までの舞台裏

小谷　賢

イギリスの宥和政策と対日政策、日本の北進論と南進論、アメリカの対日政策と日米交渉……。インテリジェンスの視点からそれらを見ていくと、各国の思惑と日米開戦に至るターニングポイントが、鮮やかに浮かび上がってくる。

イギリスのチェンバレンはなぜ宥和政策をとったのか

第二次世界大戦は、「インテリジェンス」を抜きに語ることはできない。

まず、インテリジェンスとは、国家が行なう情報収集活動や、分析活動のことである。

第二次大戦に関する歴史研究において、欧米では、インテリジェンスに関する論点がよく挙げられる。

一方、日本では従来、インテリジェンス研究が重視されてこなかった。終戦時に公文書が焼却され、資料に乏しかったためだ。

しかし近年、日本でもインテリジェンスに関する研究が進みつつある。本稿ではそれらの知見をふまえ、第二次大戦の勃発から日米戦争に至るまでの過程を読み解いていきたい。

第二次大戦は、一九三九年九月一日のドイツのポーランド侵攻に端を発する。

イギリスとフランスは、ポーランドとの相互援助条約に基づき、九月三日に対独宣戦布告。独ソ不可侵条約を結ぶソ連も、九月十七日にポーランドへと侵攻した。

以前よりイギリスのチェンバレン首相は、ドイツに対し宥和政策をとっていたのだが、ドイツがポーランドに侵攻したことから、批判的に語られることがある。しかし宥和政策は、ドイツと単に妥協しようとしたものではなく、インテリジェンスに裏付けられた判断でもあったのだ。

イギリスがドイツと戦争となれば、ドイツは爆撃機でイギリスに向かってくる。つまり、対ドイツ戦では空軍力が重要となる。

ヒトラーのドイツは一九三五年三月に再軍備宣言をするが、それ以前から、ひそかに航空機を増やしていた。イギリスはその情報を一九三三年初頭にはつかんでおり、再軍備を宣言した段階ですでに、ドイツの空軍力がイギリスをはるかに上回っていると見積もった。

イギリスは同年七月に航空機の増産計画を立てたものの、ドイツに対抗できるようになるのは一九四〇年頃と見込まれた。それまでは、ドイツとの戦争を避けなければならないと考え、宥和政策をとっていたのだ。その意味で、チェンバレンは合理的な判断をしていたといえる。

日本が情報を生かして成功した北部仏印進駐

一九四〇年五月、イギリスではチャーチル戦時内閣が成立する。

しかし翌六月にフランスがドイツに降伏すると、イギリスは連日、ドイツ軍の空爆にさらされ、陥落の一歩前という状態となる。

この頃、ソ連は英独の共倒れを願っていた。そのため、ソ連の駐英大使マイスキーは、ロンドンが受けた被害や、英独の航空機の損害について情報収集し、毎日のようにスターリンに報告している（大雑把《おおざっぱ》な数字なうえ、この動きはイギリスも把握していた）。

イギリスの苦境を受け、日本にも動きが出てくる。当時、イギリスは仏印ルートから、日中戦争下の蔣介石政権に援助物資を送っていた。これを苦々しく思っていた日本は、仏印ルートを遮断すべく、北部仏印への進駐を検討し始めるのだ。

進駐には、ナチス・ドイツの支配下にあるフランスのヴィシー政府との交渉が必要だが、米英の干渉を招かないかが懸念された。しかし一九四〇年七月二十七日、日本はインテリジェンスに基づいて、北部進駐を決定する。

その頃、アメリカのルーズベルト大統領は大統領選挙を控え、戦争への不介入を公言していた同大統領は、戦争に巻き込まれるような状況で介入するわけにはいかなかった。

また、日本海軍軍令部はイギリスの外交通信を傍受、解読し、イギリスが「直接介入する立場にない」という訓令を出し、仏印問題に消極的であることを把握していた。

実際、ドイツと戦うイギリスには、極東の拠点であるシンガポールに艦隊を派遣するなどして、日本を牽制する余力はなかった。

日本はこれらをふまえ、北部仏印に進駐する限りは問題ない、と判断したのである。その読み通り、九月二十二日の進駐に際しては米英の介入を受けなかった。日本は情報を生かして、有利にコマを進めたといえる。

北部仏印進駐後の十一月、オートメドン号事件が起きる。イギリス船オートメドン号がドイツ海軍に拿捕《だほ》され、機密書類がドイツに渡ったのだ。

この書類には、「日本が南進してきても、シンガポールは守るが、それ以外からは撤退する」という、イギリスの対日戦略が記されていた。

書類は十二月にドイツから日本に渡され、これは、のちの日本の南部仏印進駐における判断に影響を与えた可能性が考えられる。

二月極東危機で見せたイギリスのインテリジェンス

北部仏印進駐によって、日本と米英との対立が生じたわけではない。しかし、一九四〇年九月二十七日の日独伊三国同盟締結は、米英の態度を硬化させてしまう。

日本は快進撃をみせるドイツと組んだほうがいいと考えたわけだが、ドイツと戦うイギリスは当然、日本が敵側に回ったとみなす。

アメリカもまた、ドイツと日本に挟撃されると捉え、明確に対決姿勢をとるようになる。日本は戦略的に、アメリカを怒らせてしまったのだ。

こうした日本の動きに対して、イギリスも手をこまぬいているわけではなかった。一九四一年二月初旬、イギリス国内の新聞が突如、「東南アジア地域で日英戦争が勃発する可能性がある」と、大々的に報じ始める。

これを二月極東危機というが、報道はのちに急速に収束する。従来の外交史においては、危機が生じた理由は謎とされてきた。しかし、インテリジェンスの視点から、ことの内実が明らかとなっている。

二月極東危機に先立つ一九四一年一月、日本はタイと仏印の紛争を停戦させるため、艦隊を派遣していた。しかし当時、イギリスは一時的に日本の外交暗号を読めなくなっており、日本側の意図を見抜けず、艦隊がそのまま南進するのではないかと危惧《きぐ》した。

そこでイギリスは、「日本が戦争を始める気だ」として、大々的プロパガンダを始める。それが、先の報道につながったのだ。

イギリスの目的は、二つあった。ひとつは戦争の危機を訴えることで、日本を牽制すること。もうひとつは、アメリカに「日本が戦争をするかもしれないから助けてほしい」と訴え、極東情勢に介入させることにあった。

というのも当時、ルーズベルトはイギリスを助けるための武器貸与法を成立させるのに精一杯で、日本との戦争には否定的だったからだ。

ただし、このプロパガンダを受け、日本はアメリカの注意が極東に引き付けられたと認識するようになり、日本の南進が抑制されたと考えられる。

この頃、イギリスのプロパガンダとは別に、米英のインテリジェンス協力が進んでいて、アメリカがイギリスに日本外務省の暗号解読法を教えている。

これによって日本の暗号を解読したイギリスは、日本にまだ戦争をする気がないことを知る。また、イギリス情報部は、ロンドンにある日本大使館の電話を盗聴しており、そこからも同様の情報が得られた。

イギリスはひとまず安心し、これによって二月極東危機は収束するのである。

スパイにつかまれた日本の意図、変転する日米交渉

とはいえ、二月極東危機以降、日英関係、日米関係は緊張感が高まっていた。

そこでアメリカのハル国務長官は、野村吉三郎《きちさぶろう》駐米大使との交渉に活路を見出そうとし、

四月十六日、「ハル四原則」を野村に提示して、日米交渉の「予備交渉」を開始する。

もっとも、日本の外交通信を読んでいたハルは、野村の言うことと日本政府の言うことが異なるため、日本を全く信用しなくなる。インテリジェンスが、アメリカの対日不信を高めたといえる。

ところで、日米交渉に先立つ四月十三日、日本は日ソ中立条約に調印していた。しかし日米交渉中の六月二十二日、独ソ戦が勃発し、情勢は大きく変化する。

日本では、松岡洋右外務大臣と陸軍の一部が、日ソ中立条約を破棄して、ソ連へ侵攻するよう主張し始める。

陸軍参謀本部の作戦部は、ソ連が極東の部隊を対独戦に投入し、極東における日本軍とソ連軍の比率が二対一になった時こそ、北進すべきだとした。

ところがその計画は、ソ連のスパイであるゾルゲによって筒抜けとなっていた。日本の意図を知ったソ連は極東の部隊を動かさず、それを見た日本も、北進を諦めることとなったのである。ゾルゲの諜報《ちょうほう》活動がなければ、日本が北進していた可能性も否定できない。

一方、アメリカも独ソ戦を受けて、政策を変化させる。それまでの日米交渉における狙いは、日本との関係改善と、日本を三国同盟から離脱させることにあった。当時はソ連が三国同盟に加わる可能性も残っており、なおのこと日本を離脱させたかった。

ところが独ソ戦が始まり、ソ連がドイツの攻勢を持ちこたえそうだという観測を得ると、アメリカはソ連を同盟国として認識し始める。その結果、日本との交渉目的は、イギリスとソ連を延命させるため、日本を北進も南進もさせないよう外交交渉につなぎとめ、時間を稼ぐことに変わる。

七月二日、日本は御前会議で、正式に南進の方針を確認する。

松岡洋右は駐独大使と駐ソ連大使に南進の方針を伝えるが、それは米英に傍受、解読されていた。そしてイギリスは、南部仏印進駐が実施されるまでの約一カ月の間、十分な対策を講じることとなる。

イギリスの態度は巧妙だった。この南部仏印問題を機に、日英対立を米英対日本という構図に持ち込もうとするのである。

対日警告は最小限にとどめ、日本に敢《あ》えて行動させるようにし、その間に、アメリカと対日制裁をする方向で調整しようとした。しかも制裁の際には、アメリカが先行し、イギリスはそれに追随《ついずい》するかたちを狙っていた。

それは、思惑通りとなる。日本が七月二十三日に南部仏印進駐を発令すると、七月二十六日、アメリカが対日資産凍結を発表し、翌二十七日にイギリスがそれに倣《なら》った。

なお、現在でも未解明だが、この対日資産凍結はなぜか石油の対日全面禁輸へと変わってしまい、日米対立は決定的となる。

十一月二十三日、アメリカのハルは、イギリス、オーストラリア、オランダ、中国の大使を呼び、対日交渉について相談する。

日本の出してきた乙案（日本の南部仏印撤退の見返りに、石油供給を求める内容）に対して、太平洋の平和維持、対日制裁の緩和などを示した暫定協定案を出すことを提案したのだ。その有効期限は三カ月であり、対日防備をするための時間稼ぎであった。

ところが、その内容を知った蔣介石が反発し、アメリカの新聞にリークするなどして、日米の妥協成立を阻止しようとする。

一方、その報道で暫定協定案を知った日本は、「アメリカと妥協できそうだ」と安心してしまう。ところが十一月二十六日、ハルは日本に中国と仏印からの完全撤退を求める、いわゆるハル・ノートを提出する。

これを受けた日本は、交渉の余地がないと諦め、真珠湾攻撃へと至るのである。

ハルが翻意した理由は諸説あるが、今も定かではない。また仮に暫定協定案が結ばれていたら、三カ月の間に、ドイツがモスクワで敗退したことが明らかとなり、日本の針路が変わった可能性もある。

いずれにせよ、ヨーロッパ戦線から日米戦争に至る過程では、様々な局面でインテリジェンスが関わっていたのである。

海軍

真珠湾は想定外！ 開戦を止められなかった「責任」と「誤算」

戸高一成

対米戦の中心となった日本海軍は、
圧倒的な国力をもつアメリカに対し、
いかなる作戦構想を描いていたのか。
そしてなぜ、不利と知りつつ、
開戦を回避することができなかったのか。
海戦史の第一人者が、海軍内部の問題を解き明かす。

海軍はいつ「対米戦」を意識したのか

そもそも日本が「アメリカとの戦争」を考えたのは、日露戦争後の明治四十年（一九〇七）に策定された「帝国国防方針」からである。このときに日本はアメリカを「仮想敵」とした。そして、アメリカと戦うとすれば、その中心となるのは海軍であった。

ただし、誤解してはならないのは、「アメリカ＝敵」ではなく、あくまで「仮想」敵ということだ。仮想敵国を設定することで、それに対する防衛力を検討し、国防の方針を立てる。そして、予算を組む際の基準にする。

極端なことをいうと、予算獲得のために仮想敵が必要になるのであり、そのために仮想敵を置いただけ、といっても過言ではない。

したがって、当初の海軍の対米意識は、アメリカ海軍を「必ず戦う相手」としていたわけではなかった。

しかし、仮想敵としている以上、海軍兵学校では「いずれ日本はアメリカと戦う」という前提で教育がなされ、それが大正時代の中程には、「お前たちは太平洋でアメリカと戦う」というストレートなものになった。

そのため、海軍兵学校五十期（大正十一年〈一九二二〉卒）前後の人たちは皆、「俺たちはいずれ太平洋でアメリカと戦う」と思いこんでいたという。

これは「仮想敵という設定が、日米衝突の根源に変質してしまった」と言えなくもないが、海軍内で「本当にアメリカとぶつかるかもしれない」と考えられるようになったのは、昭和十五年（一九四〇）に締結された日独伊三国同盟の前後からである。

それまで「日米衝突」は「いつか」起こるものであり、今日明日の差し迫った問題ではなかった。ところが、三国同盟成立の前後から「ドイツと同盟を組んで枢軸側に加われば、イギリス、アメリカとの衝突は必至だ」と認識されるようになり、「対米衝突は不可避である」という意識が強くなっていく。

この段階で、軍令部と海軍省の横断的な組織である海軍国防政策委員会・第一委員会が組織され、そこを中心に、対米戦の準備が進められていく。

軍は「抑止力機能」としての組織だから、大勢としては戦争回避こそが任務である。したがって、基本的に「戦争はするべきでない」が常識であり、本当に「対米戦争をしなければならない」と思って動いたのは第一委員会などの一部の人間で、海軍の中でそれほど多くはなかった。

それでも、「アメリカとの衝突はやむを得ない」として、事実上、対米戦争の準備を始め、昭和十五年の暮れに海軍は「出師準備《すいし》」の作業に着手した。

陸軍の出師準備は「動員」と呼ばれ、兵隊を定員まで増やす。戦争が起こらなければ兵隊を帰せばいい。しかし海軍は陸軍と違い、軍艦に手を加えなければならない。

たとえば、戦艦や巡洋艦のバルジ（船体外側のふくらみ）の中に、水密パイプをぎっちり詰めて不沈対策をする。ただし、パイプを詰めたところは人間が入れず、メンテナンスができない。その部分は傷《いた》み放題になり、通常は十年もつ軍艦が五、六年で駄目になる可能性がある。元に戻すのも大工事であり、海軍の出師準備は一度始めたら、引っ込みのつかない作業なのである。

このときの軍令部作戦課長だった富岡定俊《さだとし》が、「出師準備は戦争を覚悟しなければ発動できない」と戦後語っているが、出師準備に着手したことは、海軍が戦争を決意したと考えてもいいだろう。

少なくともその時点で、海軍が「対米戦が、ここ一、二年のうちに起こるのは避けがたい」と認識していたことは確かである。

いかにして勝つつもりだったのか

昭和十五年の暮れから翌年の正月にかけて、海軍の国防と用兵を担《にな》う軍令部は、対米戦の準備を進めた。

ではアメリカを相手に、どのように戦おうとしていたのか。基本は、明治時代の帝国国防方針の延長線上にある。

日本はまず、南方資源を確保する。そのときは当然ながら、アメリカの植民地フィリピンを押さえる。これに対して、アメリカはフィリピンを奪還した上で北上し、日本本土に向かう。これを日本はマリアナ諸島、ないしは小笠原諸島のラインで邀撃《ようげき》（＝迎撃）決戦をする……。ようするに、日本海軍にとって輝かしい歴史である、日露戦争における日本海海戦の再現を狙っていたのだ。

その際、艦隊決戦が行なわれるまでの間に、少しずつアメリカ艦隊の戦力を減らし、連合艦隊との戦力比を有利にするという、漸減《ぜんげん》作戦にも重きが置かれた。

その戦備として、潜水艦や飛行機が加えられるなど、多少、帝国国防方針は改訂されてはいるが、目の前に来た敵と戦って撃退するという、明治時代につくられた基本構想に大きな変化はない。

軍艦の要求性能もそれに基づいているので、日本の艦隊は遠くまで航海することを想定していなかった。そのため、「大和《やまと》」「武蔵《むさし》」の建造を盛り込んだ③（マルサン）計画を見ると、艦隊に随伴《ずいはん》するタンカーの建造計画さえないのだ。

タンカーがなければ、遠洋作戦に出動した軍艦は、燃料切れで動けなくなる。だから、「真珠湾攻撃はできない」といわれた（そのため実際には、不足分を民間のタンカーで補った）。

日本海海戦の再現を前提に作戦構想を立てていた海軍は、戦争の結末も日露戦争のように、講和条約を落としどころとして想定した。したがって、アメリカの本土占領を考えたり、ワシントンＤ.Ｃ.まで進撃しようと考えた人間は、当然ながらいなかった。

たとえアメリカが日本の何倍もの戦力をもっていても、少なくとも太平洋艦隊、大西洋艦隊に分かれていて、対日戦争に使える艦隊の数は限られている。

それと互角に戦える艦隊を日本はもっているから、主力艦隊決戦で打撃を与え、アメリカが継戦意思を失えば講和する。それができれば勝利である……。これが、海軍の対米戦争における考え方だった。

真珠湾攻撃の意図とは

昭和十六年（一九四一）の南部仏印進駐は、東南アジアに権益をもつ、アメリカ、イギリス、オランダを刺激することに繋がった。

海軍はそれを予期し、「アメリカと衝突する引き鉄を引くのと同様だ」と反対したが、英米を刺激することにはならないと陸軍がいうので、しぶしぶ協力した形跡がある。南部仏印進駐から日米開戦までの間に、海軍省は、日米交渉で衝突を回避することを原則として動いていた。海軍出身の野村吉三郎がアメリカに行って交渉し、緊張緩和を狙ったのはその一環である。

一方で軍令部は、戦争準備を進めていた。ここに二重構造がある。日米交渉が妥結し、石油や鉄の輸入が認められて一息つけば、それはそれでいい。仮に交渉がうまくいかなくても、その間に戦争準備を整えられるので、時間稼ぎになる。

軍令部作戦課長の富岡定俊が軍務局長の岡敬純《たかずみ》に「開戦時期を昭和十七年の三月ころに延ばせないか」と問われて、「昭和十七年三月まで延ばしては戦《いくさ》はできない」と答えている。言い換えれば、「昭和十七年三月までならばできる」ということである。海軍としては、このような二つの目的で動いていたと思われる。

もっとも日米開戦は、富岡の想定より三カ月も早まった。周知のように、昭和十六年十二月八日、日本の機動部隊がハワイの真珠湾を奇襲攻撃し、戦争の火蓋《ひぶた》が切られる。

この真珠湾攻撃作戦に対して、軍令部は危険すぎると大反対した。前述したように遠洋作戦を行なう艦隊ではないのだから、それは当然のことだった。

ところが連合艦隊司令長官の山本五十六は、頑《がん》としてこの作戦を主張し、最後は「山本にそれだけの自信があるのなら任せよう」と、永野修身《おさみ》軍令部総長が認めた話は有名である。

無謀ともいえる真珠湾攻撃に、なぜ山本はそれほどまでにこだわったのか。私は一つの「穿《うが》った見方」を考えたことがある。

米内光政、井上成美《しげよし》とともに、「枢軸に入ったら、英米と対立する」という常識的な判断に基づいて、三国同盟に反対した山本は、「アメリカと戦争したら負ける」と考えていた。だから、本心では戦争をやりたくない。

しかし、連合艦隊司令長官になった時点で、命じられたらやらざるを得ない立場に置かれた。連合艦隊司令長官に、戦争をやる、やらないを決定する権限はないのである。

では、「やれ」といわれたらどうするか。当然、やるしかないのだが、山本はそのときが来るまで、可能な限り「抵抗」したようにも見受けられる。

たとえば開戦前に、「零戦千機、中攻《ちゆうこう》（陸上攻撃機）千機がなければアメリカと戦えない」といっている。当時、それだけの数の飛行機を集めることはできないし、だいたいパイロットがいない。千機の零戦を揃《そろ》えたところで、すべてが戦力になるとは限らないのだ。

こんな常識外れの要求をしたのは、「それなら戦争はできません」といわれたら、「できない」というつもりだったのではないだろうか。そして、その最後の抵抗が、遠洋作戦を想定していない艦隊による「真珠湾攻撃」であり、却下されたら、「それなら戦争はできません」と応じようとしたとも考えられるのである。

山本五十六

本当なら「現在の軍備では戦争ができない」と、はっきりいえばいいのだが、軍人として「やれといわれたら、やらなければならない立場」にあるから、それはできない。そこで、常識的にはあり得ないことを要求したり、無理なことを発言したりして、戦争を回避しようとした。これが私の「穿った見方」である。

とすると、土壇場になって「山本に任せよう」という永野の決定を聞き、驚いたのは山本本人かもしれない、などと思ったりもする。

秋山真之の言葉が教えてくれること

海軍の姿勢は「政治に関わらず」であり、政治の決定には黙って従うのが基本である。その中で、開戦の決定に関わるのは、内閣の一員である海軍大臣ただ一人だ。

開戦検討時の海軍大臣・及川古志郎《おいかわこしろう》は、近衛文麿首相に一任し、海軍としての判断を示さなかった。

このことについて、戦後に海軍関係者が集《つど》った「海軍反省会」で激論になった。「海軍大臣として、いまの状況では戦争ができませんというべきなのに、大臣の任務を放棄した」という意見と、「シビリアンコントロールで、文官の長である首相に判断を任せたのは正しい」という意見との間で大いにもめたのだが、やる、やらないの判断以前に、海軍としての現状を丁寧に説明すべきだったと、私は思う。

＊　＊　＊

日露戦争で連合艦隊の参謀を務めた秋山真之《さねゆき》は、「戦争は、勝った戦いを戦うのだ」といった。どういうことかというと、戦争前に外交的、財政的、軍事的な条件を整え、完全に勝った態勢で戦争を始めるということである。

つまり戦争前に、相手が「恐れ入りました」と、妥協してくるような外交交渉をする。それでも妥協しない場合に、万全の態勢を整えて発動するのが戦争だと、秋山は教えているのである。

太平洋戦争は、外交で負け、財政で負け、戦備で負け、と、すべてに負けた挙げ句に、戦争を発動した。秋山の言とは逆に、「負けた戦いを戦った」といっていい。どんなに艦隊が優秀で、兵士が勇敢でも、既に負けた戦いに勝つことはできない。

日米戦争は、主として海軍の戦いである。開戦の決定は「お任せします」で済ませられない問題だった。しかし、弱腰の発言をしにくい空気を乗り越えて、「できません」といえなかったのが海軍の弱点であり、極端にいえば敗戦の原因でもあるだろう。海軍は開戦を受け入れた瞬間に、負けたといってもいい。

日本海軍は日本の名刀であった。しかし、「名刀は、抜かれざることを以《もつ》て名刀である」ことも知らなければならない。

この視点を失っていたのが昭和の海軍だったのではないだろうか。

陸軍
戦略構想の変遷から見える「対米戦への分岐点」

川田 稔

なぜ、昭和の戦争を避けられなかったのか。
「陸軍の独走」の一言で済ませてしまうと、
開戦に至る本当の過程は見えてこない。
永田鉄山《てつざん》、石原莞爾、武藤《むとう》章《あきら》……。
陸軍を主導した軍人たち、
それぞれの戦略構想から浮かび上がるものとは。

ドイツを火種に再び大戦が起こる

昭和の陸軍は、「明確な国家構想を持たぬまま、無謀な戦争に突入した」と語られることがある。

しかし、陸軍は何の戦略構想も持たなかったわけではない。本稿では、陸軍の戦略構想を軸に、満洲事変、日中戦争、そして太平洋戦争へと至った過程を明らかにしていきたい。

陸軍の戦略を語るうえで欠くことのできないのが、大正七年（一九一八）に終結した第一次世界大戦である。

この戦争では、民間人も合わせると二千万人近い死者が出た。このような戦争を繰り返せば、人類そのものの運命が破壊されてしまう。そのような考えのもと、ヨーロッパを中心として、再び世界大戦を起こさぬよう、国際協調の流れが生まれてくる。

この時、次の大戦の発火点になりうると危惧されたのが、ヨーロッパとアジア、とりわけドイツと中国であった。

列強の利害が錯綜《さくそう》する中国は、「東洋のバルカン」とも言われ、この地の安定が、東アジアの平和維持に重要だとみなされた。

そこで、日本、アメリカ、イギリスが中心となり、「九カ国条約」が結ばれる。ようするに、中国をこれ以上、列強の勢力下に取り込まないという取り決めであった。

この条約を中心とする東アジアの協調体制を「ワシントン体制」といい、日本の政党政治も、その国際協調の流れを支持し、それによって世界大戦を防止しようとする。

ところが、「次の世界大戦は、止められない」と考える者たちがいた。それが、永田鉄山を中心とする陸軍の中堅将校たちで、彼らは後に一夕会《いっせき》を結成する。

永田は将来的に、ドイツを火種として、ヨーロッパで再び大戦が起きると見ていた。

というのも、第一次世界大戦後にヨーロッパで成立した「ヴェルサイユ体制」によって、ドイツは軍備制限や高額の賠償金を課され、国内で不満が高まっていた。その一方ドイツの工業地帯は健在で、国力そのものは落ちていない。となると、やがて国力を充実させたドイツは、実力で再興を図ろうとするだろう。

ヨーロッパで戦争が起きれば、列強の利害が絡《から》み合うアジアにも飛び火する。好むと好まざるとにかかわらず、日本は戦争に巻き込まれる……。

これが、永田の見立てであった。しかも、第一次世界大戦をヨーロッパで目《ま》の当たりにした永田は、次の大戦は必ず、国家総力戦になると見込んでいた。永田だけでなく、海外の多くの軍事関係者も同じように見ていた。

そういう永田からすると、国際連盟を中心とするワシントン体制とヴェルサイユ体制で平和を維持できるという、政党政治側の考えは甘いものに見えた。

政党政治のもとでは様々な利害調整が必要となり、時間がかかってしまう。次の大戦に備え、国家総力戦の準備が急務だ。そのためには、軍人が政治を動かしていかなければならない。これこそが、永田の考えであった。

次の大戦に備えて……満蒙領有論の登場

もっとも、政党政治側も、戦争が起こり、国家総力戦になる可能性をまったく考えていなかったわけではない。その点は当時、陸軍を主導していた宇垣《うがき》派も同様だった。

長期の国家総力戦になった場合、日本にとって大きな問題となるのが、資源の確保だ。

宇垣派は、戦争の際には、日本――朝鮮――満洲とで可能な限り資源を自給し、足りない分は米英から輸入しようと考えていた。だからこそ、両国との協調を重視したのである。

それに対して永田は、資源の面で米英に依存することに批判的であった。米英からの輸入を前提にすると、両国の動向によって、国策が左右されてしまうからである。

では、永田は資源をどう確保するつもりだったのか。重要な軍需資源を調査すると、中国の華北と華中を押さえれば、だいたい四年間は自給自足できるという計算になった。

永田は、日本が権益を持つ満洲を、中国での資源確保のための橋頭堡《きょうとうほ》にしようと企図《きと》した。

そして彼の周辺から「満蒙領有論」という構想が出てくるのである。

協調外交で大戦を防ごうとする政党政治と宇垣派に対して、永田は「大戦不可避」という立場から、構想を練っていたと言えよう。

なお、満蒙領有論に関していうと、昭和六年（一九三一）に陸軍が引き起こした満洲事変は、昭和四年（一九二九）に始まった世界恐慌から脱するためのものとして語られる。

実際、事変を主導した石原莞爾も、それに近いことを書き残している。しかし石原は永田と同じ一夕会員で、考えも近く、恐慌以前から満蒙領有を主張していた。

つまり、永田も石原も、世界恐慌以前から満蒙領有計画を温めていたのであり、世界恐慌は、その計画を実行するための好機として捉えられたのである。

現地で石原が主導し、それに連携して、陸軍中央で永田らが後押しする。それこそが、満洲事変の実態であった。

満洲事変は、陸軍内の権力転換ももたらした。昭和六年十二月、犬養毅《いぬかいつよし》内閣の成立に伴い、一夕会が推《お》す荒木貞夫《さだお》が陸軍大臣となり、宇垣派は陸軍中央から一掃される。

やがて、一夕会は統制派と皇道派に分かれ、昭和十一年（一九三六）の二・二六事件後は、統制派が陸軍中央を押さえ、彼らが日本を動かしていくこととなる。

動き出したドイツを見た日本は……

満洲事変後、陸軍は一気に中国に進出していったかのように見えるが、それは違う。昭和八年（一九三三）に塘沽《タンクー》停戦協定が結ばれ、日中関係はひとまず落ち着きを見せる。

ところが昭和十年（一九三五）八月、陸軍は「華北分離工作」に着手する。これは永田の構想に基づくもので、華北五省に国民政府から独立した親日的地方政権をつくり、資源獲得のため日本の影響下に置こうとしたのだ。

この工作は、ドイツの動きに影響されたものであろう。工作が始まる直前の同年三月、ドイツが再軍備宣言をし、ヴェルサイユ条約を破棄。ヴェルサイユ体制は崩壊し、ヨーロッパで緊張が高まっていたのである。

陸軍は一方で、塘沽協定後、国際的配慮から中国での動きに慎重だったが、国民政府の排日姿勢から、資源確保が困難と判断する。

そして、近い将来の大戦の可能性を踏まえ、国家総力戦に対応するための資源確保として、華北分離工作に動いていったのである。

ところが同年八月、永田が刺殺され、石原莞爾の発言力が大きくなる。すると昭和十二年（一九三七）一月、石原は華北分離工作の中止を決定する。

その最大の要因は、ソ連にあった。当時、極東ソ連軍の増強により、極東におけるソ連と日本の軍事バランスは著しく崩れていた。

石原は、ソ連が旧勢力圏だった北部満洲の回収に出ることを危惧した。このまま華北分離工作を進めれば、中国だけでなく、それに肩入れする米英との関係も悪化してしまう。ソ連と衝突した際、米英からの資源輸入が必要であった。

だからこそ石原は、工作を中止したのである。そして、五年程度は政治的にも軍事的にも安定を保ち、ソ満国境における戦備を整えなければならないと考えた。

この工作中止に先立つ昭和十一年十一月、日独防共協定が結ばれている。これは実は、石原が主導したものであり、その本質はドイツにより背後からソ連を牽制させることにあった。つまり、対米英を意識した日独伊三国同盟とは、狙いがまったく異なる。

そもそも石原は、ドイツと組んで世界大戦を戦おうとしたわけではない。彼は、その「世界最終戦論」で、次の欧州大戦の後に、日米による世界最終戦争が起こると想定していた。

そのため、ヨーロッパでの次期大戦には介入せず、アジアの指導権を握り、最終戦争に備えるべきと考えていたのである。

しかし石原の構想は、昭和十二年七月の盧溝橋事件によって崩れていく。

三国同盟と日ソ中立条約の狙い

事件当時、参謀本部作戦部長の要職にあった石原は、事態不拡大を主張する。中国国民の統一に対する志向性は強いと見て、戦線が拡大すれば長期持久戦となり、ソ満国境に対する備えもできなくなると恐れたのだ。

ところがこれに反し、事態拡大を唱える者がいた。統制派の武藤章と田中新一《しんいち》である。武藤と田中は、中国は国家統一が不可能な状態にあり、強い一撃を加えれば、国民政府を屈服させられると考えた。

さらにこれを機に、華北分離政策を実現し、華北の資源と市場を確保したうえで、ソ満国境に備えるべきだとした。

彼らは陸軍士官学校の同期で、永田の構想に影響を受けていた。事態拡大の主張の裏には、華北分離工作を中止した石原に対する反発があったと見ていいだろう。

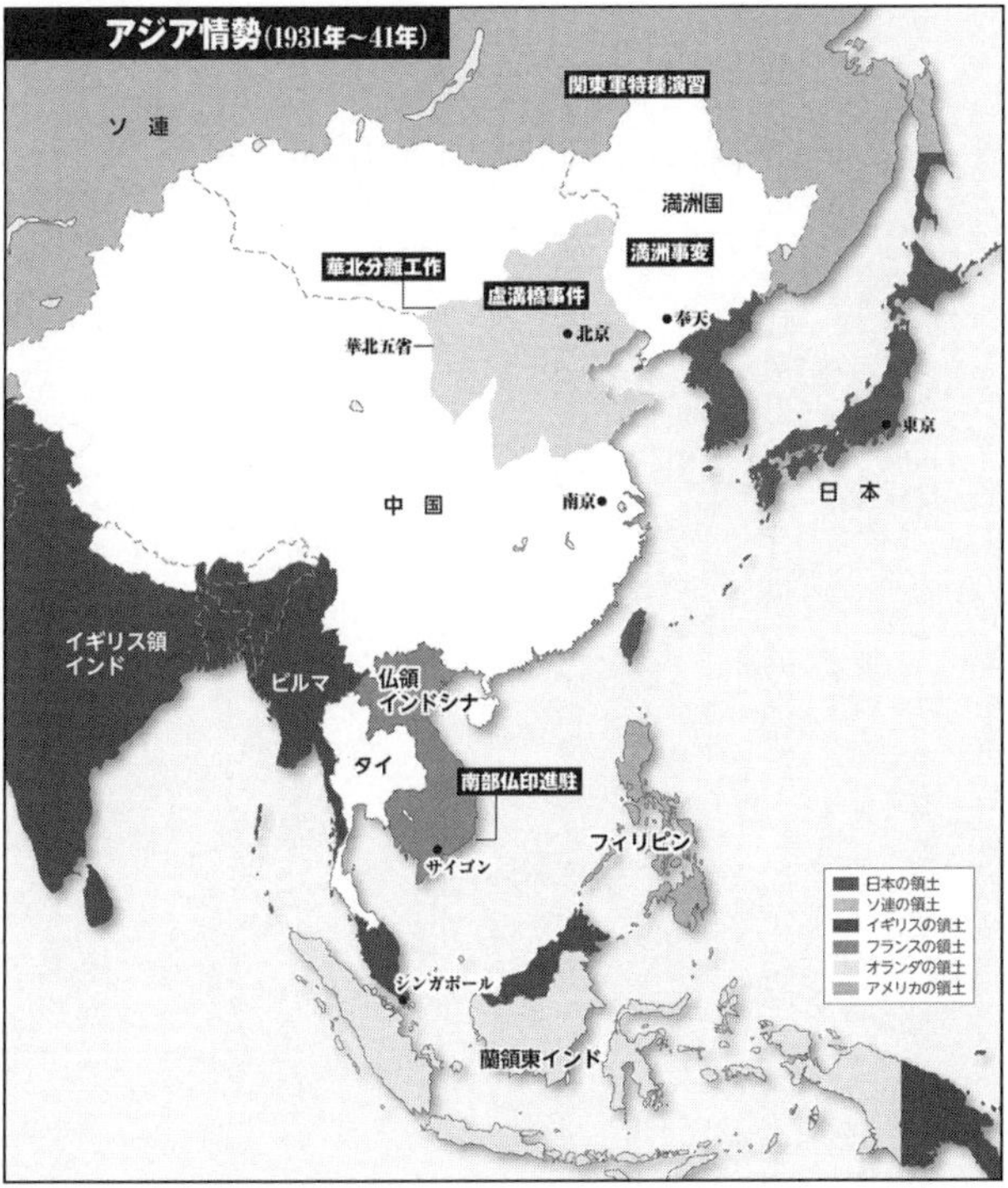

ただし、武藤と田中も中国側の抵抗について目算《もくさん》がなかったわけでなく、当時の生産体制で、ある程度中国との継戦は可能だと見ていた。また当時、ソ連軍内で粛清《しゅくせい》があったり、米英の目線がドイツにむかっていたことから、好機と判断したのである。

武藤は統制派の影響力を背景に、石原を陸軍中央から排除する。しかし事態を拡大したものの、国民政府はなかなか屈服せず、日中戦争は泥沼化していくのである。

さらにそうこうしているうちに、昭和十四年（一九三九）九月、ドイツによって第二次世界大戦が引き起こされる。

陸軍省軍務局長に就任した武藤は、いずれどこかの国、つまり勝者となるであろう国と組まなければならないと考えていたが、「まずは不介入」という姿勢を見せる。不介入の間、国家総力戦の体制を整えようとしたのだ。

武藤ら陸軍が資源計算したところ、日本は独自で四年間の長期戦を戦えるだけの資源を確保しなければならず、決定的に不足するのは、石油、ボーキサイト、そしてゴムであった。ボーキサイトは飛行機の機体に、ゴムは戦車に必要であった。

ただいずれも、中国では足りず、石油はインドネシア、ボーキサイトはインドネシアとマレー半島、ゴムはマレーとインドシナ半島に存在した。

となると、これらの地域を日本の影響下に置かなければ、四年間の長期戦は戦えない。

折しも、ヨーロッパでは、ドイツがフランスとオランダを占領していた。

これによって、仏領だったインドシナ半島（仏印）はドイツの影響下に、オランダ領のインドネシアは、オランダ政府のイギリス亡命により、その影響下に入る。

さらにドイツは、イギリスとの戦いを優位に進めており、仮に勝利すれば、東南アジアの植民地すべてが、ドイツの影響下に置かれる。

ここにおいて、武藤ら陸軍は、日独伊三国同盟を結び、ドイツに東南アジアの資源取得を認めさせるかわりに、対英参戦を考える。ただし、そうなると米英の関係から、アメリカとも戦争になる可能性がある。

もっとも陸軍も、国力が十二倍もあるアメリカとは戦いたくない。そこで、ソ連と日ソ中立条約を結び、日独伊ソの四国で、ユーラシアを制し、それによって、アメリカの介入を防ごうと企図する。

かくして昭和十五年（一九四〇）九月には日独伊三国同盟が、翌十六年（一九四一）四月には日ソ中立条約が結ばれる。

陸軍が見抜けなかったアメリカの意図

ところが陸軍の期待に反し、ドイツはイギリスを降《くだ》せないばかりか、昭和十六年六月には、あろうことかソ連へ侵攻する。

ここに、陸軍の目算は完全に崩れ、再び進路を問われることになる。この時、参謀本部の田中新一はソ連への進攻を主張した。それに対して、武藤は静観を訴える。ドイツが負けた場合、英米につく選択肢を残すためであった。

そこで田中は、武藤の病休中に東條英機《とうじょうひでき》陸相に掛け合い、ソ連戦を見据えた計画を認めさせる。それは、八十五万もの大軍をソ満国境に動員するものであった（関東軍特種演習、通称「関特演《かんとくえん》」）。

一方、武藤はかねてから陸軍が進めようとしていた南部仏印への進駐を実施させる。これは、当面の資源を確保しておこうというものだった。田中ら参謀本部も、その実施を強く主張していた。

ところが、昭和十六年七月に南部仏印への進駐を実施すると、八月一日、アメリカは対日石油制限を発表する。

当初、ルーズベルトは全面禁輸を意図していなかった。というのも、それをすれば、日本と戦争になるのが明白だったからだ。

それにもかかわらず、アメリカ政府内の対日強硬派によって、八月一日以降、実質的に全面禁輸措置が取られる。

日本の近衛文麿首相が、全面禁輸を把握したのは八月七日のことだが、驚くべきことに、ルーズベルトがこの事実を知ったのは九月上旬であった。ところが、ルーズベルトは全面禁輸を継続させる。

九月五日、チャーチル経由でスターリンの書簡を受け取ったルーズベルトは、ソ連の危機的状況を知ったからである。

ここで、ソ満国境に集結した関東軍がソ連に雪崩《なだ》れ込めば、苦境に陥ったソ連はドイツと単独講和しかねない。そうなれば、ドイツはイギリスとの戦いに専念でき、イギリスも敗れる……。

それは、ルーズベルトにとって最悪のシナリオだった。そうなれば、アメリカはヨーロッパへの足掛かりを失うだけでなく、大西洋からドイツ、太平洋から日本と、東西から挟《はさ》まれることにもなる。

それを危惧したルーズベルトは、日本を南進させるべく、禁輸を継続させたのである。そうすれば日本は、ソ連ではなく、石油を求めてオランダ領東インドに向かい、ソ連は救われる。ルーズベルトはイギリスを救うべく、石油の全面禁輸を容認したのである。

そもそも陸軍は、南部仏印進駐が英米をさほど刺激するとは思ってもいなかった。ましてやソ満国境の関特演が、石油全面禁輸に繋がっているとは、思いもしなかっただろう。陸軍の戦略構想は、世界全体の動きを読み切れなかったと言えよう。

その後、日本がハル・ノートを手交《しゅこう》され、開戦を決意するのは周知のとおりである。第一次大戦後、日本陸軍は様々な構想のもとに、進んできた。初めから構想が誤っていたのか、あるいは途中で誤ったのか。その判断は、各自の見方で異なるだろう。

しかし、こうした経緯のもとに開戦へと至ったことは、貴重な歴史的経験として、後世の我々も知っておくべきだろう。

共存共栄へ――開戦の回避に奔走した駐日米大使グルー

太田尚樹

太平洋戦争前夜、
開戦回避のために日米交渉が行なわれていたが、
日本国内では駐日アメリカ大使・グルーが、孤軍奮闘していた。
彼はいかにして、両国の衝突を食い止めようとしたのか。

不穏な空気の日本へ

日米開戦の回避に奔走した駐日アメリカ大使がいた。ジョセフ・グルーがその人である。日本に着任したのは昭和七年（一九三二）六月。出発に先立ち、ホワイトハウスへ挨拶《あいさつ》に出向くと、フーバー大統領は「今の日本の危険な動きからは目を離せない。とくに陸軍の大陸での動向を、注視してもらいたい。こんな時期の大使就任は大任だが、ベストを尽くしてくれたまえ」と言って送り出した。

国務省ではスティムソン国務長官から、「日本では国内テロも多発している。君の家族と大使館員の身の安全には注意するように」と忠告された。

実際、この年の三月一日には、関東軍の主導で満洲国が建国されており、軍の勢いは止まらなくなった。

日本国内ではグルー一家が東京に向かう直前、五・一五事件により、首相官邸内で犬養毅首相が射殺された。同じ年の二月から三月にかけ、井上準之助《じゅんのすけ》前蔵相と三井財閥の総帥・団琢磨《だんたくま》が、血盟団《けつめいだん》によって暗殺されていた。

グルーが東京に着任してすぐ、信任状の奉呈《ほうてい》に宮中に参内《さんだい》すると、天皇は、「このような難しい時期の着任、ご苦労である。日米両国の関係改善に尽力してほしい」と言った。

それから傍《かたわ》らのアリス夫人に、「夫人は開国の扉を開いてくれたペリー提督の一族と聞いているが、今のような時期に再度はるばる来てくれたことに奇縁を感じる」と、穏やかな表情を向けた。

夫人の娘時代の名は、アリス・ヴェモンドァ・ペリーといい、曽祖父はオリヴァー・ハザード・ペリー。その弟が、黒船艦隊を率いて日本の門戸をたたいたマシュウ・キャルブレイス・ペリーであった。

アリスは父親が福沢諭吉《ゆきち》に招かれ、慶應で英文学を教えていたため、少女時代を東京で三年間送ったことがあり、大の歌舞伎ファンであった。

彼女の日本贔屓《びいき》は、夫となったグルーにそのまま移譲されたとみられるが、グルーも日本の伝統文化と美学に共鳴し、武士道精神の良き理解者となっていく。

一方で、不敗神話、桜の花の散り際の美しさを尊ぶような、時に神がかりとなった日本精神が軍国主義への傾斜に相乗りして、危険な方向に向かっているのではないかと、危機感を抱くようになる。

ドイツへの不信感

日本が任地になるのは、グルーにとって初めてのことであった。

第一次大戦前にはウィーンとベルリンに滞在したが、「以来、ドイツに不信感をもつようになりました」と、吉田茂《しげる》に語っている。

グルーが日本に着任する頃、第一次世界大戦の敗戦国であるドイツは、再軍備を阻止するヴェルサイユ条約（一九一九年）やパリ不戦条約（一九二八年）なにするものぞと、勢いを取り戻そうとしていた。

資源と産業・経済を国家の管理下に置き、軍民一体となって猛烈に働く全体主義の実態にはファッショ的傾向が強く、グルーはドイツの総力戦体制が向かおうとしている方向に不安を抱いた。再びヨーロッパに戦乱を巻き起こす可能性を、グルーは見抜いていたのである。

ハーバード大学をでて国務省のエリートコースを進んだグルーは、持ちまえの人当たりの良さに加えて知的で、ときには軽妙なジョークで周囲を温かく包む、典型的なアングロサクソン紳士の雰囲気を漂わせていた。神を敬い、自信と誠実、勤勉と責任感という、米国東部上流階級の道徳観を身につけて育ったせいか、ドイツとは肌合いが違いすぎた。

一方、ドイツの目覚ましい復興と躍進ぶりをみて、東条英機、岡村寧次《やすじ》、小畑敏四郎《おばたとししろう》、永田鉄山、山下奉文《ともゆき》ら、日本陸軍の軍人は、ゲルマン民族の底力に圧倒されてしまった。彼らは、かつて敗戦後のドイツ周辺に滞在したこともあって、熱烈な親独派であった。

こうしたことから、日本陸軍では一九三〇年代後半から、日独伊三国同盟の締結を目指す動きが出てくる。アメリカとの対立構造の芽が、この時を境に芽生えたとみられる。

昭和十二年（一九三七）七月七日に日華事変が始まると、ワシントンの米国首脳はもちろん、東京のグルーも、日独の接近を懸念しつつ、日中米の関係改善に苦慮することになる。

時あたかも、ヨーロッパに再び戦乱を巻き起こそうと、ヒトラー率いるナチス・ドイツが台頭してきたころである。昭和十四年（一九三九）九月に第二次世界大戦がはじまると、米国とは歴史的に一枚岩の英国が危機に晒《さら》され、米国は参戦の機会を模索せざるを得なくなった。

そんなとき、米国にとって三国同盟が結ばれるか否かは、ノドに刺さった魚の骨だった。そもそもこの同盟締結を求める動きは、ソ連を挟みうちにするために、ヒトラーが日本にせっついてきたことに始まっていた。

だが陸軍と外務省の親独派が、〈日華事変の早期解決〉と、〈米国の参戦阻止〉に寄与すると、乗り気になってしまった。陸軍では東条英機と武藤章が筆頭で、外務省では松岡洋右の外相時代に、ドイツ熱はピークに達した。

　世界が二つに分極化していく流れの中で、三国同盟が締結されれば極めて危険な分岐点になると、グルーは国務省に伝え、日本の指導者たちにも締結しないよう説得していた。

　といっても日本におけるグルーの人脈は、リベラルな親英米派の人間ばかりであった。元老・西園寺公望《さいおんじきんもち》、牧野伸顕《まきののぶあき》（元宮内《くない》大臣、大久保利通《としみち》次男）、牧野の娘婿《むすめむこ》の吉田茂、樺山愛輔《かばやまあいすけ》（貴族院議員）、松平恒雄《まつだいらつねお》（元駐米大使、宮内大臣）、海軍関係者では、斎藤実《まこと》、鈴木貫太郎《かんたろう》、山本五十六、外交官では広田弘毅らである。

　彼らはいずれも天皇の信頼が厚いか、受けがよく、穏健派と目《もく》される人々で、英語が堪能な国際派の人間たちだが、陸軍関係者では秩父宮《ちちぶのみや》、前田利為《としなり》（旧加賀藩主、侯爵《こうしやく》）以外は見当たらない。

　事実、アメリカ大使館に招かれたことがある陸軍軍人は、この二人だけだった。

　秩父宮はオックスフォード大学留学の経験もある親英派で、スポーツの宮様といわれ、同じようにスポーツ好きのグルーとは、親しくしていた。

〈スポーツの親善交流は、いかなる国の大使も真似のできない文化大使である〉と言って、ベーブ・ルースら野球の全米オールスター・チームを日本に招いたのもグルーであった。

だが、秩父宮とは着任後しばらくは親しくしていたが、宮の背後にいる親独派の陸軍軍人たちに利用され、再三にわたって兄の昭和天皇に三国同盟締結を迫っている事実を知ると、グルーは宮を遠ざけるようになってしまった。

その点、反東条派の筆頭で、ドイツを嫌い、三国同盟の危うさを危惧する前田に対しては、リベラルな陸軍軍人として評価していた。

陸軍を嫌った背景

グルーの人脈がリベラルグル派、宮中グループに偏っていたことは、そのままグルー外交の弱点でもあった。

グルーの陸軍嫌いは、陸軍を〝馬糞《ばふん》〟呼ばわりする吉田茂の影響でもあるが、あたかも〈日本イコール陸軍〉であるかのように、政治を支配している陸軍に、不快な念を抱いていた。

決定的だったのは、昭和十一年（一九三六）の二・二六事件だった。事件前夜、親しくしていた二人の海軍の長老・斎藤実（内大臣、元首相）夫妻、鈴木貫太郎侍従長夫妻を大使館に招いて深夜まで夜会を楽しんだが、その数時間後、二人は遭難していたのである。

結果的に、グルーには東条らとのパイプがなく、日華事変拡大派の軍人と意見交換をする機会もなかった。事変の解決にワシントンが仲介の労をとるように、ローズヴェルト大統領や国務省に進言したものの、実現されることはなかった。

アメリカにとって中国は莫大《ばくだい》な額の経済市場であり、日華事変に対して、日本の肩をもつわけにはいかなかったのである。だがワシントンは、そこで大きな失敗をしていたことを戦後になってから気が付いた。

日華事変中の中国は、蔣介石国民党軍と、毛沢東《もうたくとう》らが率いる中国共産党（中共）の八路《はちろ》軍は、国共合作によって表面上は協調していたものの、本質的には対立関係にあった。

そして日本軍は蔣介石軍に大きな打撃を与えたものの、結果的に国民党軍を弱体化させてしまい、戦後の中国の内戦で、全土が共産党支配の赤い国になってしまったからである。

近年の研究では、日華事変は、蔣介石の中華民国と日本を戦わせたい中共が仕掛けた罠《わな》との説が出されている。

再三、グルーから両者の仲介を頼まれていた米政府が動かなかったことは、失敗であった。後にアメリカは、中共が背後についた朝鮮戦争、ベトナム戦争で大きく傷付くことになる。

グルーの開戦阻止工作

貴族院議員・樺山愛輔は、グルーと宮中グループを繋ぐパイプ役であり、機密情報をグルーのもとに届けていた。

グルーの日記『滞日十年』の中に、実名を伏せて頻繁《ひんぱん》に出てくる、「著名な日本の自由主義者」「貴重な情報源となっている者」とは、樺山のことである。

「三国同盟は、日米関係を悪くさせている元凶です。日本の対米戦争は双方にとって、何の利益にもならないばかりか、ソ連につけ入る隙《すき》を作るだけです」

樺山にグルーはそう言っていたが、グルーが日本に望んでいたのは、自由陣営への参画と、両国の共存共栄であるから、今日の日米関係に極めて近い。加えて日本が、対共産主義陣営の盾《たて》になってくれる利点もある。

だが、日米関係は暗礁《あんしょう》に乗り上げていた。昭和十五年（一九四〇）五月、オランダがドイツの占領下に入ったのをみて、日本はオランダの植民地である蘭印《らんいん》（現インドネシア）の石油資源を視野に入れはじめる。そして翌六月にフランスもドイツに占領されると、仏印に目を向ける。

ここにおいて日本は、昭和十五年九月十九日、ついに日独伊三国同盟の締結を御前会議で決定。その直後の九月二十三日には、日本が北部仏印に軍を進めたが、同盟推進派は、これを三国同盟の成果とみていた。

一方、英国の窮状をみて、ヨーロッパ戦線への参戦の機会を模索する米国に立ちはだかったのが三国同盟であった。〈ドイツが米国から攻撃をうければ、日本はアメリカに打ってでる〉と、松岡洋右外相は主張していた。

日米関係がここまでくると、グルーは、両国の宥和には天皇の存在が不可欠とみるようになる。二・二六事件でみせた、「朕《ちん》自ら近衛師団を率いて鎮圧に当たらん」の一声で、事件が三日で決着した事実に注目したのである。

天皇の重臣や宮中グループと親交を結んでいた所以《ゆえん》もそこにあったが、グルーの主張する〈日米宥和論〉は、彼らの口から天皇に伝わるはずだった。加えてグルーは天皇を崇拝し、天皇もグルーを信頼していた事実もあった。

だが、昭和十六年（一九四一）十一月二十七日、ハル・ノートを突き付けられた日本の指導者は、〈万事休す〉と、戦争を覚悟してしまった。

その前日には海軍機動部隊が、ハワイに向かっていた。外交と軍事行動を同時進行させていたのだが、グルーはパイプを使って必死に、説いてまわっていた。

「この米国提案は、武力で蘭印から石油を獲得しなくても、米国から自由に石油も鉄も手に入り、中国から撤退すれば蔣介石と和平が成立します。蔣政権が安泰《あんたい》ならば、ソ連の防波堤になるから、日本は戦わずして、欲するモノはすべて得られるのです。戦争に訴えて得ようとするモノを、外交で得られるではありませんか」

だが結果は開戦となり、その後の展開はわれわれの知る通りである。

結局、グルーの主張は、開戦回避としては実らなかった。しかし、戦後処理では厳しいアメリカ世論を抑え、天皇制の存続、天皇の免責に大きな影響を及ぼした。

東京のマッカーサー宛に何度も、〈天皇の存在がなければ日本はバラバラになる〉〈天皇は真の平和主義者〉であると訴える書簡を送っていたことも、功を奏した。

だが、日本の友人たちが再来日を促しても、「征服者の顔をして行きたくない」と言って、グルーは日本の土を踏むことはなかった。

戦争回避の交渉を破綻させた「パーセプション・ギャップ」とハル・ノート

須藤眞志

昭和十六年（一九四一）十一月二十六日
アメリカ側から決定的な対案「ハル・ノート」が手渡されるまで、
戦争回避の日米交渉は営々と続けられた。
しかし、両国の不幸な「認識の相違」により
対立の溝《みぞ》は深まるばかりだった。

日米双方に生まれた不幸な誤解

昭和十六年十二月八日の真珠湾攻撃に至るまでには、一年近くにおよぶ日米交渉があり、様々な人間模様が展開されていた。その間、日本では第二次近衛(文麿)内閣、第三次近衛内閣、東条英機内閣と首相が交代し、外務大臣も松岡洋右、豊田貞次郎《とよだていじろう》、東郷茂徳《しげのり》と次々に代わった。いずれの内閣も特色ある交渉を行なったが、十一月二十六日(日本時間十一月二十七日)、アメリカ側から野村吉三郎、来栖三郎《くるすさぶろう》両大使にいわゆる「ハル・ノート」という決定的な対案が手渡され、日本の和平努力は水泡《すいほう》に帰《き》してしまった。

日米交渉が破綻《はたん》した最大の原因は、日米双方の外交路線の相違にあり、互いに妥協点を見出せなかったことに尽きる。中国撤兵問題、日独伊三国同盟の問題、そして日本軍の南進(南部仏印進駐)問題――とりわけ最後は、日米関係を悪化させた決定的要因であった。だが、単にこうした対立点をもって、日米交渉の決裂が不可避であったとはいえない。むしろ、その過程における双方の不幸な誤解が多すぎたことが問題である。

日米交渉は、最初から最後まで「パーセプション・ギャップ」(認識の相違)による誤解の連続であった。「パーセプション・ギャップ」は、こちらの相手方に対するイメージと現実との相違を十分に認識しないことから生まれる。つまり、同じ問題に直面しながら、互いに違った角度からそれを見たために、双方の認識がずれ、一方が重要だと考えることが、他方ではさほどでもないという誤解が生じるのである。

この「パーセプション・ギャップ」をキーワードとして、先の三つの対立点でいかに双方の齟齬《そご》が生じたかを論じたい。

まず、中国撤兵問題である。この問題をめぐる日米間の外交路線の対立は、大正十年（一九二一）から大正十一年（一九二二）のワシントン会議にまで遡《さかのぼ》る。同会議で日本は「九カ国条約」を締結し、武力による現状の変更をしないと約束させられた。しかし以後も、日本は中国大陸進出の野望を捨てなかった。大陸進出には、アジア主義に裏づけられた「持たざる国」による当然の権利として、正当性があると考えていたからである。

日本軍の大陸進出は、二つの側面があった。一つは、昭和七年（一九三二）の満洲建国の際、石原莞爾の思想に見られたような理想主義である。そこにあったのは、必ずしも他国の領土の奪取ではなく、ヨーロッパ諸国のアジアやアフリカ支配とは異なる支配形態である。経済的な搾取《さくしゅ》を行なうのではなく、むしろ多額の投資を行ない、現地住民との妥協の上で、一種の国造りを目指したのである。

もう一つは、昭和十二年（一九三七）の盧溝橋事件に始まる日中戦争による大陸進出である。

ここにはもはや、満洲建国の際にあったような理想主義はなかった。ただし、軍部に中国全土を奪おうとする野心があったわけではない。関東軍にいわせれば、満洲防衛のために北支を、北支のために中支、南支を押さえる必要があるということで、それはあくまで軍事戦略上の要請にすぎなかった。

ところが、アメリカをはじめ多くの国家は、日本は中国全土を植民地化しようとしているのではないかと、疑惑の目で見ていた。何よりアメリカは、中国問題を国際社会の道義上の問題として位置づけていた。欧米人にとっては、歴史的にも文化的にも東洋を代表するのはあくまで中国であって、日本ではない。そのため、多くのアメリカ人は、日本より中国に好意的であり、日本の中国進出、まして武力による支配は道義的に許せぬことととらえた。

日米交渉の過程を通じて、日本が「九カ国条約」に違反して、中国に武力侵略していると非難するアメリカ側の姿勢は、「ハル・ノート」にも見られる。日米交渉の最中、アメリカは日本軍の中国からの全面撤退を最後まで譲らなかった。そこでは、まず道義上の観点が優先され、日本の主張する中国の政治的安定、防共政策、満洲の安全確保といった、現実的な要求はまったく無視されていた。

結局、アメリカ側は、日本側が中国からの撤兵を、領土的野心からではなく、自国の安全保障に関わる重大な問題としていることに、最後まで気づかなかった。ここに重大な「パーセプション・ギャップ」が生じていたのである。

三国同盟を形骸化しようとしたが……

次は日独伊三国同盟の問題である。昭和十五年九月、松岡外相の主導によって結ばれたこの同盟は、明らかに英米を仮想敵国とする内容を含んでいたために、日米関係を悪化させる要因になった。とはいえ、三国同盟を日本外交政策の中心に据えた松岡の真意は、決して日米戦争を目論《もくろ》んでのことではない。確かに、彼も三国同盟がアメリカに一種の脅威を与えることは認識していたが、それによってアメリカに圧力をかけ、中国を含めたアジアでの日本の立場を確保するために、譲歩を引き出そうとしたのだ。

松岡は、できればソ連を加えて日独伊ソの「四国協商」にしようと、昭和十六年四月、日ソ中立条約を結んだ。しかし同年六月、独ソ戦の勃発によって、その構想は根底から崩れ去る。もはや、この時点で三国同盟を結んだ意味は半減したわけだが、以後も彼が同盟に固執したのはなぜか。

主な理由は、アメリカの圧力によって三国同盟から抜け出ることは、日本の面子《メンツ》を失うばかりか、国際的信用を失う恐れがあると考えたからだ。それは日本の弱さを露呈することになり、結局、アメリカからも軽蔑《けいべつ》されるという主張が、軍部を中心に罷《まか》り通っていた。

しかし、対米強硬派の松岡に代えて、豊田貞次郎が外相に起用された第三次近衛内閣の時代には、日本側は軍部の主張とは別に、三国同盟についてかなりの譲歩を示す。特に、アメリカ側を最も刺激していた第三条の参戦の義務条項も、仮に米独戦争が勃発したにしても、日本は自動的には参戦せず、日本側の自主的判断によるとアメリカに伝えている。近衛と豊田は、三国同盟を事実上、形骸化《けいがいか》することで、アメリカとの妥協を図ろうとしたのだ。

ところが、アメリカ側はその意味をほとんど認めなかった。三国同盟が、実際にはアメリカの安全保障を脅かすものではないことを知っていたからである。事実、第二次大戦を通じて、三国同盟が軍事的な役割を果たしたことはない。欧州戦争で日独が共同の軍事行動を取るなど、最初から無理な話であった。

総じてアメリカにとって、三国同盟は現実に懸念すべき課題ではなかった。むしろそれは、自由と民主主義に敵対する枢軸国のファシズム連合であるというイデオロギー的意味合いが強かった。一方、日本は三国同盟をより現実的な外交手段として捉えていた。ここにも、日米の「パーセプション・ギャップ」が存在していたのである。

南部仏印進駐の決定的影響

三国同盟がアメリカの安全保障においてほとんど問題視されなかったのに対し、昭和十六年七月下旬の、日本の南部仏印進駐の時はそうではなかった。もともと軍部を含めた日本の当局者たちの間では、南進政策で東南アジア全域を支配下に収めるという青写真は描かれていなかった。東南アジアはすでにヨーロッパ列強による分割が終了しており、そこに武力介入するのは、英米蘭などの国々と正面から衝突することを意味していたからである。

一方、アメリカ側は日本の南部仏印進駐を、東南アジア全域を制覇するための第一歩と解釈した。英米のアジアでの前進基地であるシンガポール、フィリピン、香港といった軍港への重大な脅威として受け止めたのである。実際、日本の南進に対して、ハル国務長官は再三にわたり、これはアメリカの安全保障を脅かす問題であると非難した。それだけではなく、それまでは日本との全面的対決を躊躇《ちゅうちょ》し、石油禁輸や日本の在米資産凍結に踏み切らなかったルーズベルト大統領までが、ついにその決定を下したのである。

一方、日本側では、アメリカの石油禁輸を予測した者はごく少数であり、特に陸軍部内では楽観論が支配的であった。日本側は、まさか南部仏印への進駐がアメリカの安全保障を脅かす問題として受け止められるとは想像もしなかった。当初それに気づき、南進を警戒したのは、皮肉なことに松岡のみであった。

以後も、日本側はこうした「パーセプション・ギャップ」の存在に気づかぬまま、戦争回避のための日米交渉に真剣に取り組んでいる。両国の力の差を考えれば、日本が最後までアメリカと本格的な戦争をする意思をもてなかったのは当然である。たとえば、八月に入り、近衛首相はルーズベルトとの直接首脳会談を提案するに至ったが、拒否されている。断定はできないが、おそらくすでに、この時ルーズベルトの胸中《きょうちゅう》には、日本は戦争で打倒すべき敵国であるという認識が存在していたと思われる。

最後に、「ハル・ノート」について述べたい。「ハル・ノート」に関する日本側の最大の誤解は、撤兵を要求されている「中国（Ｃｈｉｎａ）」を、満洲を含む全中国と解釈したことである。確かにアメリカは昭和七年に建国された満洲国を承認していなかったが、しかし、これまで撤兵を求めたこともなかった。日本の当局者が確かめもせず、「満洲を含めた全支那《しな》」からの撤兵と勝手に解釈したことは、早合点であろう。時の外相は東郷茂徳であるが、彼は仏印はもちろん、満洲を除く中国本土からの撤兵にも応じてよいという考えだったから、満洲は別ということになれば、交渉の余地は残ったかもしれない。

もっとも、日本は日米戦争を十一月五日の御前会議で事実上決定していたのであって、また、アメリカ側も七月末の日本の南部仏印進駐の時点で戦争の覚悟を固めていたとすれば、「ハル・ノート」が手交された十一月下旬には、すでに日米双方とも戦わざるを得ない状況に追い込まれていたといえる。結局、「ハル・ノート」が来ても来なくても、真珠湾攻撃は行なわれ、日米は開戦したのである。

いずれにせよ、外交交渉における「パーセプション・ギャップ」は、現代でも起こりうる問題である。たとえば、歴史認識に対するわが国と中国や韓国との「パーセプション・ギャップ」は、実に大きなものがあるといわざるを得ない。そして、それをそのまま放置すべきではないことは、まさに日米交渉の悲劇的結末が教えるところである。

第2部

空母機動部隊編

空母赤城(上)と戦艦長門。昭和５年(1930)、横須賀工廠にて。のちに第一航空艦隊(通称・南雲機動部隊)の旗艦となる赤城の巨大さがわかる

「空飛ぶ水雷戦隊」の発想から最強の空母機動部隊は生まれた

戸高一成

「対米英六割」……。ワシントン会議において、主力艦の保有比率をそう定められたところから、日本海軍の苦悩と試行錯誤《さくご》は始まった。この不利な条件下でアメリカ艦隊に勝つためには、どうすればよいのか。一つのヒントが、秋山真之《さねゆき》の示唆《しさ》の中にあった。

航空機の役割は偵察と弾着観測が常識とされる中、日本海軍はいかにして世界初、そして世界最強の空母機動部隊を築き上げたのか。

日本海軍に課せられた制約

今から八十年前の昭和十六年（一九四一）十二月八日、その報《しら》せに世界が震撼《しんかん》した。日本海軍による真珠湾《しんじゅわん》攻撃である。戦争回避への努力は実らず、超大国アメリカとの開戦に追い込まれた日本。真珠湾攻撃は、そんな日本が開戦劈頭《へきとう》、敵の主力艦隊に痛撃を与えるべく臨《のぞ》んだ、伸《の》るか反《そ》るかの大勝負であった。そしてこの困難な奇襲作戦を成功させたのが、日本が世界に誇る「空母機動部隊」なのである。

真珠湾攻撃が世界中で驚愕《きょうがく》とともに報じられた理由は、大胆極《だいたんきわ》まりない奇襲だったからだけではない。イギリス空母による、タラント軍港のイタリア艦隊攻撃の前例はあるものの、当時、航空攻撃で主力艦隊を完全に壊滅《かいめつ》させられるとは、どの国の海軍も考えていなかった。空母（航空母艦）はあくまで主力の戦艦や巡洋艦に随伴《ずいはん》し、搭載する航空機で偵察や弾着観測を行なう、補助艦艇という認識が一般的だったのである。ところが日本海軍は、空母を集中運用することを発想し、多数の艦上機による強力な打撃力で、ハワイの米太平洋艦隊を壊滅させることに成功した。海戦史上前例のない革命的な航空攻撃作戦であり、これまで海戦の主役として君臨し続けてきた戦艦を航空機が瞬《またた》く間に葬《ほうむ》り去ったことに、世界は瞠目《どうもく》したのである。

日本海軍が世界に先駆けて誕生させた空母機動部隊とは、複数の空母を基幹とする艦隊であり、開戦直前、「第一航空艦隊（一航艦）」として編制した。機動部隊は英語で「タスク・フォース（task force）」、つまり一定の任務を帯びた機動力を持つ部隊を意味する。空母以外の部隊においても用いられるが、太平洋戦争期の日本海軍では、主に空母部隊を「機動部隊」と称した。南雲《なぐも》機動部隊という呼称はよく知られている。ちなみに空母機動部隊にあたる英語は、「キャリア・バトル・グループ（carrier battle group）」である。

日本海軍といえば、世界最大・最強の戦艦大和《やまと》や、敵パイロットに畏怖《いふ》された零式《れいしき》艦上戦闘機（通称、零戦《ゼロせん》）が、今も象徴として多くの日本人の心をとらえているだろう。しかし私は、空母機動部隊もまた、戦艦大和や零戦と並び称されて然《しか》るべき存在だと考える。

では、なぜ日本海軍は世界に先駆け、最強の空母機動部隊を生み出すことができたのだろうか。まず押さえておかなくてはならないのは、第一次世界大戦（一九一四〜一八年）の後に、日本海軍に課せられた「制約」である。

一九二一年（大正十年）、アメリカの呼びかけでワシントン会議が開かれ、過熱する余り各国の経済的負担になっている建艦競争に歯止めをかけるべく、海軍軍縮条約が結ばれた。日本海軍にとって痛恨《つうこん》であったのは、主力艦（戦艦・巡洋戦艦）の保有比率が対米英六割に制限された点である。日清、日露戦争、第一次大戦を経て、拡大し続ける日本の海軍力を警戒したアメリカが、力ずくで頭を押さえつけた格好《かっこう》であった。以後、日本海軍は「対米劣勢」を前提とせざるを得なくなる。

主力艦同士の従来の戦い方では、もはやアメリカ相手に勝ち目はない。不足する兵力を補う何らかの手立てが欲しい……。海軍内では四割の差を埋めるための、様々な意見が出た。たとえば白昼堂々の艦隊決戦ではなく、夜襲戦のような奇襲戦法、あるいは敵の弾の届かないところから攻撃するアウトレンジ戦法といったものである。そうした中で、一部の人間が目をつけたのが航空機の存在であった。

「空飛ぶ水雷戦隊」という発想

そもそも日本海軍が航空機と空母に着目するきっかけを作ったのは、秋山真之である。日露戦争時の連合艦隊首席参謀として知られる秋山は、第一次大戦直後、自身がまとめた戦術教科書の改訂の際に「今後、陸上機を発着艦させられる母艦が必要」と述べ、洋上で(フロート付き水上機ではなく)陸上機を対艦攻撃に用いる可能性を示唆した。第一次大戦で航空機は進歩を遂げたが、空母はまだ産声《うぶごえ》をあげたばかりであり、先見の明というべきだろう。

また海軍内における航空機を対艦攻撃に用いる模索は、第一次大戦で航空魚雷が本格的に使用され始めたことも後押しとなる。日本海軍では伝統的に雷撃《らいげき》を重んじ、戦艦の主砲の次に魚雷の破壊力を決定打と考えた。たとえば日本の巡洋艦は水雷《すいらい》戦隊の旗艦を務め、自らも魚雷発射管を装備しているほどである。これは米巡洋艦にはない。

他国に比べて雷撃を重んじる日本海軍は、航空魚雷が実用化すると、艦隊決戦に使用できないかと考えた。折しも大正十一年（一九二二）に、鳳翔《ほうしよう》が世界初の正規空母として完成する。また同年、一〇式艦上雷撃機の試作機も完成した。三葉のこの雷撃機はまだ実用にはほど遠い代物《しろもの》であったが、雷撃のできる航空機を空母が十機、二十機と搭載するようになれば、駆逐艦の水雷戦隊に匹敵《ひつてき》する攻撃力を空母が持つことが可能になる。

日本海軍の艦隊決戦の基本パターンは、水雷戦隊で敵艦隊の戦力を削《そ》いだ後に、主力艦隊が決戦を挑むという「漸減《ぜんげん》作戦」であった。ここに、もし水雷戦隊と同等の攻撃力を持った空母を動員できれば、駆逐艦による雷撃の前に、航空機による雷撃をもう一段階、加えることができる。そうなれば決戦前に敵戦力の二、三割を減らすことも夢ではなく、「対米六割」の日本海軍でも、アメリカと五分の状態で主力艦同士の決戦に持ち込むことが可能になるのである。この大正十一年前後に芽生えた、いわば「空飛ぶ水雷戦隊」という発想こそが、後の空母機動部隊の原型であった。

なおワシントン会議において、空母は主力艦として扱われてはいない。当時の世界の認識では、空母は巡洋艦から派生した補助艦艇に過ぎなかった。空母を表わす略号としてアメリカでは「CV」を用いるが、Cは「cruiser（＝巡洋艦）」の頭文字なのである。またワシントン会議では、建造中の戦艦、巡洋戦艦を空母に改装するならば多少残してもよいことになり、そうした経緯で生まれたのが赤城《あかぎ》、加賀《かが》という大型空母であった。

山本五十六が果たした役割

とはいえ、空母艦上機で敵艦隊を攻撃するという構想を抱いたのは、大正から昭和初期にかけての海軍内のごく少数に過ぎない。なにしろ当時、日本の航空機開発は欧米に大きく後《おく》れをとっていた。大正十年に初飛行した日本海軍初の国産艦上戦闘機・一〇式艦上戦闘機（複葉）なども、性能面で外国機には及ばず、海軍内では「国産航空機の実用化は十年以上先」と囁《ささや》かれていたほどである。

しかしそうした状況の中、「近い将来、航空機が海軍の中核戦力になる」という確信を抱いて、海軍航空を牽引《けんいん》する男が現われた。後の連合艦隊司令長官・山本五十六《いそろく》である。

それまで砲術畑を歩んできた山本（当時大佐）が、自ら望んで航空に転じ、霞ケ浦《かすみがうら》海軍航空隊の副長となったのが大正十三年（一九二四）のことであった。背景には、第一次大戦直後の大正八年（一九一九）にアメリカに留学し、盛んな民間航空を目《ま》のあたりにして、航空機の時代到来を痛感した体験があったのだろう。

霞ケ浦海軍航空隊で搭乗員の教育・養成に努めた山本は、再びのアメリカ駐在を挟《はさ》んで、昭和五年（一九三〇）に海軍航空本部技術部長に転じる。航空本部では民間メーカーに航空機を発注する試作計画を意欲的に推進し、国産航空機開発に力を注《そそ》いだ。海軍航空機の条件として山本が掲げた「国産、全金属、単葉」は技術者たちを発奮させ、昭和十年（一九三五）には三菱《みつびし》が傑作機《けっさくき》・九六式艦上戦闘機の開発に成功。僅《わず》か数年で日本の航空技術は、世界的レベルへと到達するのである。

山本が果たした役割で特筆すべきは、霞ケ浦海軍航空隊ではソフトウェア（搭乗員教育）、航空本部ではハードウェア（航空機開発）の両方の充実に尽力した点だろう。「簡単にメンテナンスできる機体と、基礎教育を施《ほどこ》せば使える搭乗員の組み合わせがなければ役に立たない」。そう語る山本は、搭乗員と航空機の一方だけを底上げしても意味がなく、双方が嚙《か》み合ってはじめて航空兵力が向上することを、十分に理解していた。そこには機械と人間の能力に対する、アメリカ的な合理的思考の一端が窺《うかが》える。山本の尽力もあり、躍進を遂げた日本の航空業界。やがて海軍内では「航空主兵」という言葉が語られ始めるのである。

真珠湾を決断させたもの

「君たち、いずれ失業するよ」

山本が戦艦大和建造スタッフを揶揄《やゆ》したのは、九六式艦戦が制式採用された昭和十一年(一九三六)のことであった。「これからは戦艦ではなく、航空機が海戦の主力になる」と、航空主兵実現に本腰を入れていたことが窺える逸話である。

山本だけでなく、昭和十年を過ぎた頃には、海軍内に源田実《げんだみのる》や淵田美津雄《ふちだみつお》といった航空主兵を唱える若手が続々と現われた。一方で、「戦艦こそが海戦の主役」という伝統的な大艦巨砲主義も依然として根強く、また航空関係においても、空母艦上機より、航続距離の長い陸上攻撃機(中攻《ちゅうこう》)こそが真の決戦兵力と考える者たちもいた。複数の選択肢を前に、日本海軍が進むべき道はどれか、非常に活発な議論が交わされていたのである。

こうした雰囲気の中で生まれてきたのが、小澤治三郎《おざわじさぶろう》などが主張し始めていた、空母を単独ではなく集中して運用し、その航空兵力で敵艦隊を攻撃するという発想であった。

小澤がこの着想を得たのは、彼が水雷出身だった点が大きかったのかもしれない。当時の水雷戦隊は統一射法といって、決戦では各駆逐艦が魚雷を同時に撃つスタイルであった。小澤はそれを空に置き換え、複数の空母から、数十機の艦上攻撃機を一挙に敵艦隊に向かわせようと考えたのである。第一次大戦後から日本海軍内で構想されていた「空飛ぶ水雷戦隊」を、空母を複数用いることで実現させようという世界的にも画期的《かっきてき》なものであった。

当時、日本以外で大型空母を持っていたのは米英二国であるが、彼らに空母の集中運用という発想はない。それはそれぞれの海軍が置かれていた環境の違いにも由来する。

アメリカの空母はあくまで戦艦などの部隊に随伴し、偵察を行なうとともに艦隊決戦になれば敵の攻撃機を排除する。アメリカでは「偵察爆撃機」という意識が強く、偵察機に爆弾を積んで、敵を発見したらまず爆撃を仕掛けた。もっともアメリカ海軍は主力艦の数で優勢だから、日本が苦心を重ねた漸減作戦を取る必要がなく、単純に戦艦部隊が正面から敵にぶつかればよかった。「空飛ぶ水雷戦隊」は必要なかったのである。

一方のイギリスは、敵国のドイツ、イタリアの海軍が脆弱《ぜいじゃく》だったため、空母は主に艦隊護衛に用いられた。複葉機の雷撃機ソードフィッシュが終戦まで使用されていたのも、敵に艦上戦闘機が存在しなかったためである。このように各国海軍が置かれた状況の違いが空母運用法の差となり、日本の空母機動部隊が世界唯一《ゆいいつ》である要因の一つとなった。

昭和十五年（一九四〇）、第一航空戦隊司令官の小澤は改めて「航空艦隊編成に関する意見」を提出。それが引き金となり、翌十六年（一九四一）四月、空母赤城、加賀、蒼龍《そうりゅう》、飛龍《ひりゅう》、龍驤《りゅうじょう》からなる世界初の空母機動部隊、すなわち第一航空艦隊が誕生するのである。

一方、搭乗員たちは昭和十二年（一九三七）からの支那《シナ》事変（日中戦争）の実戦で鍛《きた》え抜かれており、搭載する航空機は九七式艦上攻撃機（昭和十二年制式採用）、九九式艦上爆撃機（昭和十四年同）、そして零式艦上戦闘機（昭和十五年同）という世界に誇るべき艦上機トリオが開発されていた。

「この第一航空艦隊をもってすれば、少なくとも軍港に碇泊《ていはく》する敵艦隊は確実に仕留《しと》められるのではないか……」。海軍航空の発展に尽力してきた山本五十六連合艦隊司令長官の脳裏《のうり》に、そうした考えが浮かんでも不思議ではなかっただろう。空母の集中運用は艦隊決戦前の漸減作戦から発想されたものであったが、ここに至り、航空機の発達と搭乗員の技倆《ぎりょう》によって、敵艦隊を漸減どころか、壊滅させるだけの戦力を秘めるものになっていたのである。

そして日米交渉が決裂する中、山本長官は赤城、加賀、蒼龍、飛龍、翔鶴《しょうかく》、瑞鶴《ずいかく》の六隻の空母を基幹とする機動部隊をもって、乾坤一擲《けんこんいってき》の真珠湾攻撃を決断、昭和十六年十二月八日、

空母赤城甲板上の九一式航空魚雷。後方中央に見えるのは空母飛龍（単冠湾にて）

世界は震撼するのある。

空母機動部隊とは、ワシントン条約の制約下で日本海軍が万一、アメリカ海軍と戦う場合に、いかにして勝つかという命題に対して、紆《う》余《よ》曲折《きょくせつ》を経ながらも到達した解答の一つであった。不利な条件を課せられる中、それを乗り越える最善の道は何か、持てる力を最大限発揮するにはどう工夫すればよいか……。世界最強の艦隊を生み出したものとは、劣勢を何としても覆《くつがえ》そうとする当時の日本人の気概と、それを実現する独創性や先見力、そしてたゆみない技術力向上への努力だったのであろう。

その後、空母機動部隊は昭和十七年（一九四二）四月のインド洋作戦までは無敵を誇るが、ミッドウェーで敗れて後、日本から空母運用術を学んだアメリカの圧倒的戦力の前に頽勢《たいせい》を余《よ》儀《ぎ》なくされ、ついに敗北した。

とはいえ日本の空母機動部隊が大戦前半において世界最強で

あったことは間違いなく、また空母機動部隊を運用して戦ったことがあるのは世界で日本とアメリカのみ。さらにアメリカの戦艦、空母を沈めたことがあるのも日本のみなのである。

困難な状況に背を向けることなく立ち向かい、世界に先駆けて空母機動部隊を生み出した日本人の燦然《さんぜん》たる輝きは、些《いささ》かも色褪《いろあ》せることはないだろう。

必ず航空機の時代になる……米国で受けた衝撃から霞ケ浦航空隊発足へ

松田十刻

主力艦で対米英六割……。日本海軍にとって
ワシントン海軍軍縮条約における制限は、まさに死活問題であった。
米英に伍《ご》すには、戦艦以外で戦力向上を図らねばならない。
「これからは航空兵力の増強が最善の道ではないか」
そう考えたのが、米国駐在から帰国した山本五十六だった。
「飛行機製作では米国に一日《いちじつ》の長がある。我々は訓練で、
航空力の差を縮める」。霞ケ浦航空隊の猛訓練が始まった。

山本五十六を導いた奇縁

一九一四年から、四年の歳月をかけて行なわれ、ヨーロッパに未曾有《みぞう》の戦禍《せんか》をもたらした第一次世界大戦。この戦争が従来のそれと大きく異なったのは、戦車や潜水艦、毒ガスなど、大量殺戮《さつりく》をもたらす新兵器が続々と戦場に投入された点だ。そして、航空機が実戦で使われたのも、第一次世界大戦からである。

日本は日英同盟に基づき宣戦布告し、ドイツが租借《そしゃく》する山東《さんとう》半島の青島《チンタオ》を攻略した。この作戦こそ、日本海軍と陸軍が初めて航空機を投入したものであった。なお、開戦時の海軍の保有機数は十二機で、陸軍（十六機）よりも少なかった。

海軍は水上機母艦若宮《わかみや》（約五千トン）を青島沖に派遣。クレーンで吊《つ》った複葉機ファルマン水上機を海面に降ろして離水させ、爆撃任務を終えて着水すると再びクレーンで収容した。ただし、爆撃といっても、照準器で目標を狙い、麻縄《あさなわ》で吊るした七キロほどの小型爆弾を、縄を切って落とす程度のものだった。陸海軍内でも、航空機のデビューに大きな意味を見出した者は皆無に等しかった。

しかし――そんな中、偶然か必然か、何かに導かれるように航空に着目していった男がいた。後の連合艦隊司令長官・山本五十六である。

山本が航空と関わり始めたのは、大戦中の大正六年（一九一七）から海軍省軍務局第二課に勤務して、飛行機通信と国際通信を担当してからである。しかし、当時の山本の考えを伝える史料は乏しい。むしろ山本にとっての転機として注目すべきは、その後の米国留学であろう。

大正八年（一九一九）四月、山本は米国駐在を命じられ、渡米した。ハーバード大学で語学研修生として学び、翌年六月には国際通信会議予備会議の随員として、幣原喜重郎《しではらきじゅうろう》駐米大使を支えた。この時、米国の石油事情を調査し、自費でメキシコの油田調査も行なっている。余談だが、当時から山本は艦艇や航空機の命綱である石油の重要性を悟り、それゆえ大半の輸入先であるアメリカとの協調路線をとっていくこととなる。

滞米中、山本は米国で大いに発展する航空業界の姿にも触発《しょくはつ》されたと思われる。奇縁と言わざるをえないのだが、実兄の高野季八宛の手紙によれば、山本が語学研修生の時、下宿先の家族にニューヨークで航空大尉として勤務している身内がいたという。加えて、当時の駐米武官・上田良武《よしたけ》は海軍航空開発の第一人者であり、後に呉《くれ》の広工廠《ひろこうしょう》の廠長《しょうちょう》や航空本部技術部長を務めた人物だ。山本は、彼らから米航空業界の話を常日ごろ聞ける環境にあった。

当時の米航空業界は、すでに航空機が民間用にまで振り分けられていた。日本が純国産の航空機を造ることなど、まだ夢であった当時、アメリカではすでに空路で郵便物が運ばれていたといい、飛行機開発においても高速化や大型化が進められていた。山本は、そんな発展著《いちじる》しいアメリカの航空産業の勢いを、身近な人間から肌で感じていたのだ。

そんな山本に、さらなる邂逅《かいこう》が訪れる。大正十年（一九二一）に帰国した山本は、海軍大学校の軍政学教官となるのだが、翌年、教頭として赴任《ふにん》してきたのが山本英輔《えいすけ》少将であった。山本英輔は軍令部参謀だった明治四十二年（一九〇九）、日露戦争終結から四年後の時点で上司の山屋他人《やまやたにん》軍令部第二班長に飛行機の研究、採用を訴える意見書を提出するなど、最も早く航空戦力の将来性を見抜いた人物である。山本は海軍大学校の講義ですでに「海軍軍備は航空第一主義でなければならない」と論じたともいわれるが、山本英輔の影響も多分にあったことだろう。こうした人間関係の重なりが、山本五十六を航空の道に導いていったのである。

突きつけられた主力艦の制限

大正十年から行なわれたワシントン海軍軍縮会議も、山本の航空への思いを加速させる大きな要因であった。

第一次大戦後、戦勝国（連合国）は平和を目指す国際連盟を誕生させたにもかかわらず、その後も軍拡競争をくりひろげた。米国のハーディング大統領がこの流れに歯止めをかけるべく提案したのが、九カ国が参加したワシントン会議である。

会議では、英・米・日・仏・伊の五カ国間でワシントン海軍軍縮条約が締結された。英・米・日の主力艦（戦艦）保有量の比率は五・五・三（仏・伊は一・七五）、合計排水量は英米五十二万五千トン、日本三十一万五千トン（改定後）。一艦当たりの基準排水量は三万五千トンに定められた。

なお、誕生間もない航空母艦（空母）についても交渉が行なわれ、合計排水量は英・米十三万五千トン、日本八万一千トン、一艦当たり二万七千トン、二艦に限り三万三千トンで合意した。一万トン以下の空母は対象外、巡洋艦（一万トン以下）には制限が設けられなかった（備砲は制限）。

日本海軍からすれば、主力艦で対英米六割の制限をかけられたことは、死活問題に他ならない。必然的に、戦艦に頼らずに戦力を高める道を模索せざるをえなくなった。

――やはり、これからは航空兵力を増強するのが最善の道ではないか。

山本は、確信に至らずとも、予感のようなものを感じた。

もちろん、当時の日本の航空業界はまだ基盤もできておらず、航空に可能性を見出していた人間など、ほんの一部だ。しかし、米航空業界の発展をその目で見ていた山本は、日本の軍備の採《と》るべき道として、航空に大いなる可能性を見出したのだ。

大正十三年（一九二四）九月一日、山本は霞ケ浦海軍航空隊付を命じられ、十二月一日、同航空隊副長兼教頭に補された。帰国後、打診されたポストは海軍省の副官というエリートコースだったが、山本はあえて、航空関係を希望したのだ。当時、四十一歳。前年十二月に大佐に昇進していた。

「霞空」で目指したもの

霞ケ浦海軍航空隊（霞空）は大正十一年（一九二二）十一月、三番目の航空隊として開隊した。なお、最初の航空隊は大正五年（一九一六）開隊の横須賀《よこすか》海軍航空隊である。

霞ケ浦では、二年前から大西瀧治郎《たきじろう》が教官として新米搭乗員を鍛えていた。大西は大正四年（一九一五）に航空術研究員として飛行操縦術を修得した先駆者《せんくしゃ》の一人である。

大正十年、海軍はイギリスからセンピル大佐以下二十九人の航空教育団を招聘《しょうへい》し、一年以上にわたって航空技術を指導してもらった。それまでにも外国人教官はいたが、これだけ本格的な教育指導は初めてのことだった。この時、大西は講習生の一人に抜擢《ばってき》され、数段進んでいたイギリスの航空技術を身につけていた。

それまで海軍は主として水上機を使用していた。陸上機はあったが航続距離が短く、シベリアへ派遣されたときには船で運んで現地で組み立てていたという。そこでセンピルはアブロ式の陸上練習機を持ち込んで、戦闘機、攻撃機の操縦から、整備一般、組み立て、発動機、航空写真などを指導した。

陸上機を駆使《くし》するには、空母から発着する艦上機の操縦をもできなくてはならない。空母は、水上機母艦から発展したもので、航空機を海面ではなく、母艦の飛行甲板《かんぱん》で発着艦させる艦艇である。イギリスでは大戦末期、客船を改装して平《ひら》甲板型空母アーガスを誕生させており、少し遅れてアメリカも空母ラングレーを一九二二年三月に就役させた。

日本海軍の第一号空母は、大正十一年十二月に竣工《しゅんこう》した鳳翔（排水量七千四百七十トン・全長約百六十八メートル）である。なお、同年のワシントン海軍軍縮条約で廃棄《はいき》予定の軍艦のうち一部を空母に改造することが認められ、日英米は空母開発の競争時代に突入していくこととなる。

それはさて置き、翌十二年（一九二三）三月十六日、鳳翔航空長の吉良俊一《きらしゅんいち》大尉は、一〇式艦上戦闘機（複葉機）の発着艦テストを成功させ、空母に着艦した最初の日本人となった。吉良は大西と同期で、センピル教育団の講習にも参加していた。

山本は航空軍備の必要性・重要性は知っていても、航空機そのものに関しては素人《しろうと》である。そのため、月の半分は隊内に泊まりこみ、猛勉強を重ねた。また、のちにアメリカで山本武官の副官となる三和義勇《みわよしたけ》から飛行機操縦の指導をしてもらい、練習機であれば単独でも飛行できるところまで上達した。

当時の日本の搭乗員は、天才のみが勘《かん》で航空機を操《あやつ》っていた。しかし、ごく僅かな選ばれた者のみしか操縦できないようでは、航空機は軍備にはなりえない。そこで山本は、訓練により、誰もが航空機を操れる仕組みを作ろうと試みた。航空力の向上は、何も最先端の航空機を揃《そろ》えることのみではない。まずは搭乗員のレベルを上げることで、アメリカとの航空力の差を埋める――。それこそが、山本が霞ケ浦で目指したものであった。

「飛行機製作においてはアメリカに一日の長がある。ならば我々は、訓練で技術を身につけて、その差を埋めるしかない」

山本は、搭乗員にくり返し訓示したという。

後に霞ケ浦海軍航空隊は、幾多《いくた》の名パイロットを輩出《はいしゅつ》する。昭和三年（一九二八）一月には淵田美津雄、十二月には源田実が入隊している。淵田、源田、そして先に挙げた大西らが、後に航空主兵を推《お》し進めていくのである。もちろん、これは偶然ではなく、山本の理念が霞ケ浦に根付いていたからに他ならない。

大正十五年（一九二六）一月二十一日、駐米日本大使館付武官を命じられた山本は、横浜港から天洋丸《てんようまる》で赴任の途に就《つ》いた。そのとき、教え子たちが編隊を組んで、上空から飛来し、爆弾投下の訓練を演じて別れを惜しんだという。

この駐米武官時代、山本は再びアメリカに驚かされることとなる。当時のアメリカでは第一次大戦以上に航空機を戦争に活用しようという機運が、確実に高まっていたのだ。山本は、こうしたアメリカの航空事情に改めて触れ、日本の航空力上昇を実現する決意を固めたことだろう。

その後、昭和三年三月に帰国後、軽巡洋艦五十鈴《いすず》艦長を経て、十二月十日、空母赤城艦長に就いた。広島湾での訓練中、横須賀から空輸の艦上機を甲板で受け取ることになった。山本は見学にやってきた軍令部参謀の山口多聞《たもん》と着艦を見守っていたが、中央付近に着艦した一番機は止まらずに艦首へ向かって滑《すべ》ってゆく。あわてて駆けだし、尾翼《びよく》に飛びついた。それを見ていた山口やほかの搭乗員、整備員が胴体や主翼などにつかまり、やっとのことで止めた。飛行機は値が張るうえに発展途上で事故も頻発《ひんぱつ》した。昭和四年（一九二九）四月の連合艦隊の演習でも赤城の一三式艦上攻撃機九機が遭難し、死者が出る事故が起きている。

そして――。昭和五年（一九三〇）十二月一日、山本は海軍航空本部技術部長に就任した。アメリカ駐在や軍縮会議を通じて航空第一主義を標榜《ひょうぼう》していた山本にとっては、願ったりかなったりのポストであった。日本海軍航空隊の「育ての親」と呼ばれる男の戦いが、いよいよ本格化するのである。

航空攻撃は量だ！　画期的な「空母の集中運用」を生み出した男たち

江宮隆之

「母艦航空兵力の集団攻撃は、従来の分散配置では難しい。空母の集中配置を行なう必要があります」。淵田美津雄の進言はまさに、小澤治三郎の持論である「航空攻撃は量」を具体化するものであった。
山本五十六が主唱する「航空主兵」に賛意を示す者も海軍内に少なからずいた。淵田、小澤、大西瀧治郎、源田実らである。
独創的な発想を重んじた彼らの間で、
やがて「空母機動部隊構想」がかたちとなってゆく。

「航空主兵」を唱えた若手たち

大艦巨砲こそ、海軍の生命線――。艦艇が戦争に用いられて以来、各国の海軍が抱いていた信念だ。大正十年（一九二一）のワシントン海軍軍縮会議、昭和五年（一九三〇）のロンドン軍縮会議も、各国のこうした大艦巨砲主義の果てにある「主力艦・補助艦」の縮小比率が話し合われた。

結果、列強に警戒された日本は、英米に後れを取る比率を飲まざるを得なくなった。

「ならば、戦艦などに代わるものを考えればいい。それが飛行機である」

そう主張したのが、山本五十六であった。

ただし、山本だけではない。同じように、

「今後、航空機の威力が高まるに違いなく、そうなれば、海軍の主力は艦載機を乗せた航空母艦（空母）に移る」

と、考えた海軍関係者も少なからずあった。大西瀧治郎、淵田美津雄や源田実らといった航空畑で育った若手たちであった。

昭和十一年（一九三六）、大和・武蔵《むさし》といった大型戦艦二隻の建造が計画されたのを受けて、淵田、源田らは、大西をリーダーとして「航空研究会」という組織を設立した。

ここでは、航空機による作戦用兵や技術など、極めて専門的な学習が展開された。また航空に関する若手エキスパートの意見が活発に交換される場面もあったといい、時には「戦艦無用論」「空母建造」なども、声高《こわだか》に叫ばれた。ところがその際、戦艦大和を揶揄するなど気勢を上げたことが災《わざわ》いし、ついに海軍に「開催はまかりならん」と目をつけられ、この研究会は潰《つぶ》される運命を辿《たど》る。

淵田は後に、「この『航空研究会』こそ、当時の日本海軍を啓蒙《けいもう》する命であったのに、これを『諸《しょ》（処）士横議《しおうぎ》』（在野で盛んに議論すること）とはなんたることであるか」と回想している。当時の航空主兵論者たちとて、試行錯誤を重ねていた。戦艦無用は流石《さすが》に現実的ではないし、時には「空軍独立」などを唱えた。それでも、メンバーの誰もが並々ならぬ熱気で、信念を曲げることなく、そして飽くことなく議論を交わしていたからこそ、淵田はこのように振り返っているのだろう。

そして、彼らの「航空主兵こそ今後の日本海軍の進むべき道」という未来志向は、さらには力強い味方をも得ていくことになる。

追い風となった中国戦線

大西瀧治郎は明治二十四年（一八九一）、淵田美津雄は明治三十五年（一九〇二）、淵田と海兵同期である源田実は明治三十七年（一九〇四）生まれであった。大西は終戦時に自決するが、特別攻撃隊の創設者としても知られる。また淵田は真珠湾攻撃の空襲部隊総指揮官であり、源田は戦闘機パイロット出身者として航空参謀を歴任することになる。

昭和十年すぎにはすでに、源田は航空主兵論を唱えて大艦巨砲主義を批判していたといわれる。一方の淵田は、優《すぐ》れた戦術と統率力の持ち主であった。偵察席に座って作戦指揮を取ることが出来る空中指揮官であり、この後に源田とのコンビも功を奏することになる。

しかし、相変わらず海軍中央当局の考え方は「戦艦中心」であり、「大艦巨砲主義」の域を出なかった。当然ながら、航空機の必要性は認めても、「飛行機は補助兵力」という感覚は残されたままであった。

そんな中、航空主兵論が見直されるきっかけが訪れる。昭和十二年（一九三七）七月からの支那事変（日中戦争）である。中国戦線での九六式陸上攻撃機などの航空機の活躍と多大な戦果は、航空力の重要性を国民にも政府や海軍にも認識させるに十分なものとなった。

中でも、昭和十五年（一九四〇）七月に正式採用された新型機・零戦が果たした役割は大きかった。十三機の零戦が重慶《じゅうけい》上空で中国機と交戦し、二十七機を撃墜《げきつい》し味方の損害はゼロという大戦果を挙げたのだ。このニュースは日本中を駆け巡り、零戦の名前とともに、航空機の持つ可能性を知らしめた。

こうした時期、第一航空戦隊司令官に着任したのが、小澤治三郎だった。

小澤は明治十九年(一八八六)生まれで淵田や源田とは年齢も離れていた。そして何よりも、元来が航空畑ではなく水雷が専門であった。しかし、軍縮会議を機に山本五十六が言い出した「水雷艇など補助艦に代わるものが飛行機」という意見に刺激され、航空機主力の戦略に持論を変えていたのだ。

小澤は、海軍の古い伝統などに固執しないタイプであった。海軍大学校戦術科長の時代には、学生に「斬新《ざんしん》で独創的な戦術」を創出することを強調し、「『海戦要務令』(海軍戦術を詳しく書いたもの)など一切読むな」と申し渡したほどであった。そのうえ、見識、判断力とともに高く、実行力に富む小澤は、後輩たちからの信頼も篤《あつ》かったという。

昭和十四年(一九三九)十一月、空母赤城を旗艦とする第一航空戦隊に、司令官に小澤(少将)、赤城艦長に草鹿龍之介《くさかりゅうのすけ》(大佐)、飛行隊長に淵田(少佐)が着任した。連合艦隊司令長官は山本である。小澤は初めての航空畑での補職であったが、すでに航空機主力の戦略を持論とするようになっており、「母艦航空部隊の集団攻撃」と「統一指揮」というテーマに最も力を入れた。

小澤は、飛行隊長・淵田の能力も高く買っていた。そして淵田に対して、

「母艦航空兵力こそが、艦隊決戦における主要攻撃兵力だ。また、その精鋭さも大事だが、何よりも航空機攻撃はマス（量）だよ」

と指摘した。航空名人を作ることも大事だが、それに専念しすぎて、航空機の威力の本質は量であることを忘れてはいけない、と――。

「司令官、宜《よろ》しいですか」

小澤の言葉に感銘《かんめい》を受けた淵田は、ある日進言をした。これこそが、小澤が口癖《くちぐせ》の「斬新で独創的な戦術」に他ならなかった。

「母艦航空兵力の集団攻撃は今までのような分散配置ではうまくいきません。これからはどうしても、航空母艦を集中配置にもっていく必要があります」

当時、第一航空戦隊の空母は赤城（加賀は改装中）。第二航空戦隊も蒼龍一隻であり（飛龍は改造中）、演習や訓練では赤城と蒼龍が敵味方に分かれた。この様子を見た淵田は、空母は集中させ、艦載機を一斉に使った方が、確実に成果が上がる、と断じたのだ。

昭和16年(1941)10月下旬、九州の東方海上で実施された対艦雷撃訓練に参加した九七式艦上攻撃機

そして、次のように淵田は続けた。

「差し当たり、来年度は第一航空戦隊の赤城・加賀と、第二航空戦隊の飛龍・蒼龍とで建制《けんせい》の一個航空艦隊を編制して艦隊決戦の主戦兵力としての実《じつ》を上げるようにして頂けないでしょうか」

これは、空母の集中配備と航空部隊の統一指揮という、日本海軍にとっては全く新しい、斬新極まりない戦術ともいえた。いや、日本だけではない。当時の世界において、空母の集中運用を現実的なものとして考えていた国は、他にはなかった。小澤は、淵田の意見は自身の「集団攻撃」「統一指揮」という主張にも合致していることから、軍令部に対して意見具申することにした。

世界に誇る空母機動部隊の誕生

この後が、小澤の面目躍如《めんもくやくじょ》である。小澤は決して、淵田の提言をそのまま鵜呑《うの》みにはしなかった。これから後、半年間の猛訓練を経て、成果を踏まえた上で、昭和十五年六月に海軍大臣宛ての意見書を提出したのだった。

小澤は半年間の訓練で、航空兵力の集中攻撃に熱心に取り組んだ。航空戦隊を陸上攻撃機部隊と組ませたり、偵察部隊の水上機と組ませたりもした。連合集団の統一指揮には赤城飛行隊長の淵田を当たらせたが、最も淵田が苦心したのは洋上での集合の問題であった。

方々に分散している空母から発進してくる飛行機隊を定時に集合させるのは難しい。集合がうまくいかなければ、攻撃はばらばらになって威力は発揮出来ない……。しかし、いざ空母を集中配備してみると、艦載機は予《あらかじ》め同じ位置から飛び立つため、この問題は容易にクリアできた。小澤や淵田は、このように様々な実験をし、試行錯誤を重ねたのだ。

訓練結果を踏まえて小澤は、「航空艦隊編成に関する意見」と題し、意見具申した。主要な部分を紹介しよう。

「連合艦隊航空部隊は、一人の指揮官によって統一指揮を行なわせ、常にその指揮官の下で訓練出来るように速《すみ》やかに連合艦隊内に航空艦隊を編制する必要がある。理由は、海戦に

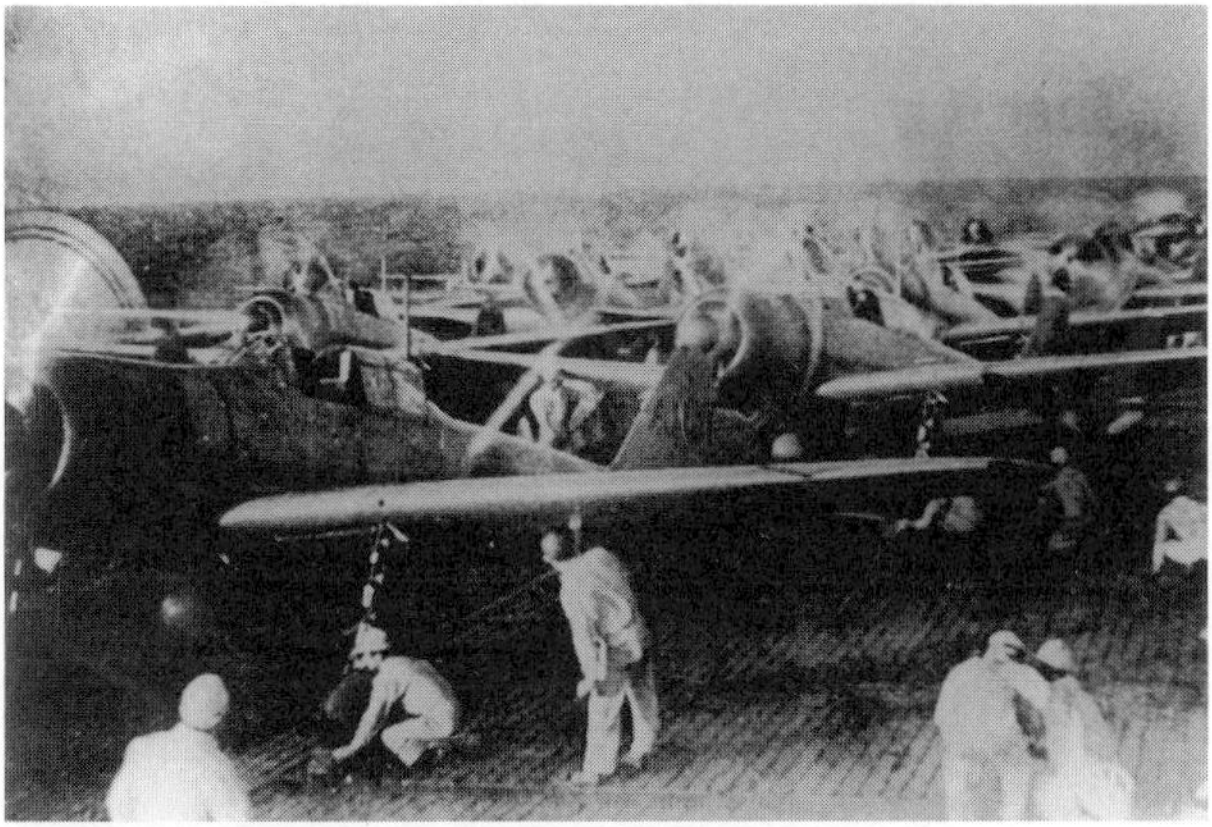
真珠湾攻撃前、発進を待つ空母赤城の零式艦上戦闘機

おける航空威力を最大に発揮するためには適時適所にすべての航空攻撃力を集中することにある。だからこの攻撃力の集中は、平時から全航空部隊を統一指揮して建制部隊として演習しておかなければ、航空戦の特質の上で戦時に即応することが出来ない――」

詳述が次に続く。詳述では、空母の集中配置と航空部隊の統一指揮という二点を繰り返し述べている。そして統一指揮のためには通信網の整備と常時の訓練が必要であること、そして国際情勢が極めて逼迫《ひっぱく》している時であるから、速やかに全航空母艦を艦隊に編入して訓練を開始する必要がある、と結論付けた。異例の内容を伴った意見具申であった。

意見書は軍令部に採用された。新たに昭和十六年（一九四一）一月十五日、基地航空部隊の第十一航空艦隊が編制され、四月十日には母艦航空部隊の第一航空艦隊が編制されたのである。航空主兵を提唱し、推進し続けた山本五十六の想いが、大西、源田、淵田、そして小澤らの信念と重なり、ひとつの形になった瞬間であった。そしてこの時点において、日本は世界に誇るべき空母機動部隊を手に入れたのである。七月、第一航空艦隊は、第一航空戦隊（赤城・加賀、第七駆逐隊）、第二航空戦隊（蒼龍・飛龍、第二十三駆逐隊）、第四航空戦隊（龍驤、第三駆逐隊）という布陣で編成され、九月に空母二隻（翔鶴・瑞鶴）を含む第五航空戦隊までが編入された。

小澤の努力による航空母艦の集中配備と航空部隊の指揮権統一という結論には、淵田も十分に満足した。そして淵田は、新たに編制された第一航空艦隊の司令長官には小澤をこそ、と強く望んだ。小澤自身も、心の裡《うち》でそれを強く希望したはずであった。

しかし……。小澤の意見具申を妥当としながらも、海軍の人事はこれまで通りの「年功序列」であった。つまり、第一航空艦隊司令官の人事は、最も適材であったはずの小澤ではなく、小澤より海兵（海軍兵学校）の一期先輩で、航空には素人の南雲忠一《ちゅういち》が就任したのであった。

一方、第一航空艦隊の航空参謀に任命された源田は、同期の淵田を空中指揮官に抜擢した。偵察席に座り作戦の指揮に集中出来る淵田の能力と判断力を一番分かっていたのだ。源田・淵田コンビは、源田が計画を立案して淵田が攻撃を実行するという互いの持ち味を最大限に引き出す効果を狙ったものであった。事実、昭和十六年十二月八日の真珠湾攻撃では、淵田は空襲部隊の総指揮官となり、第一次攻撃隊を率いて戦った。そして「トラトラトラ（我レ奇襲ニ成功セリ）」の打電を命じたのもまた、淵田であった。

第3部

真珠湾攻撃編

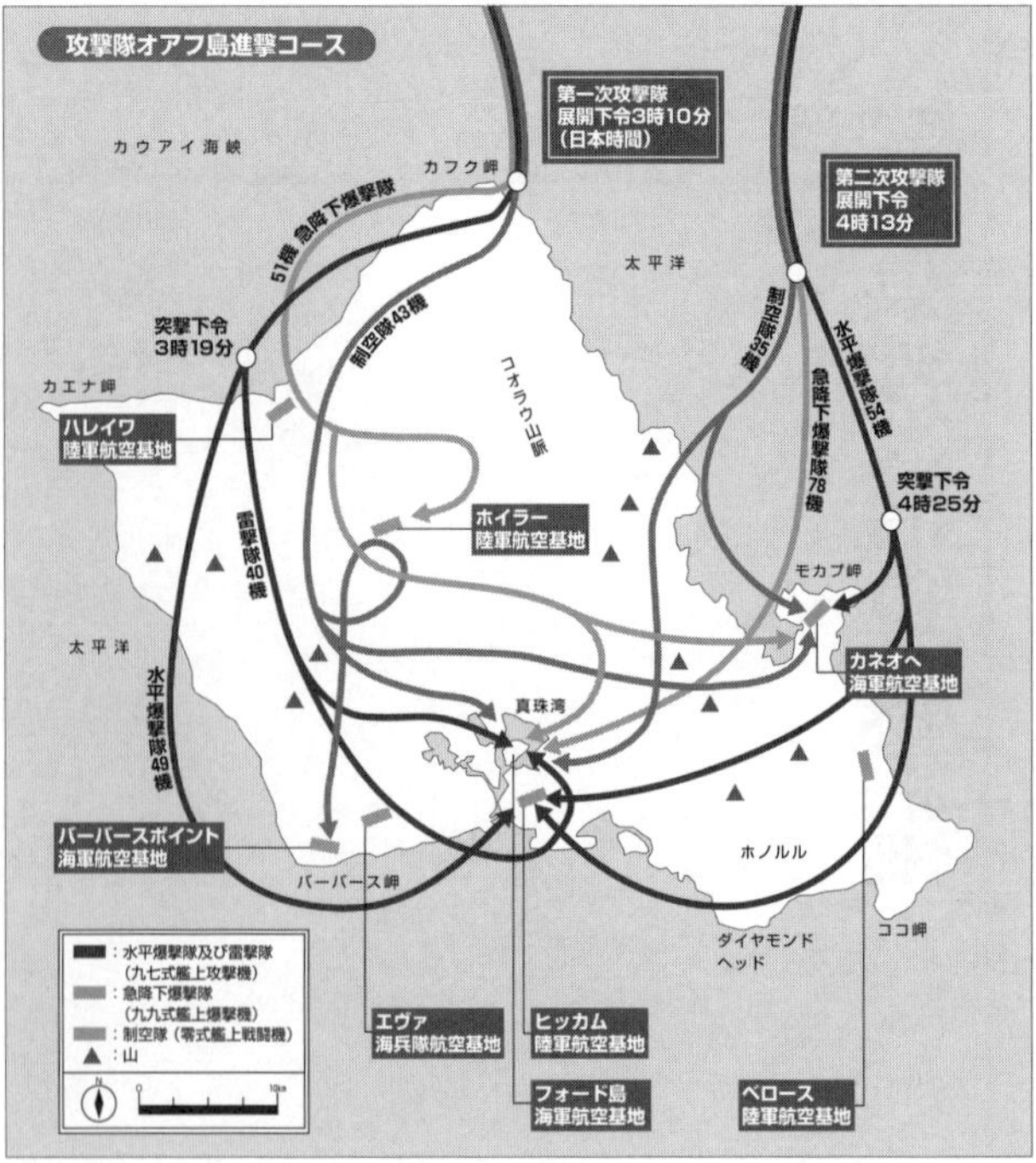

攻撃隊オアフ島進撃コース
第一次攻撃隊
展開下令3時10分
(日本時間)
第二次攻撃隊
展開下令
4時13分
カウアイ海峡
カフク岬
51機 急降下爆撃隊
制空隊43機
太平洋
制空隊35機
急降下爆撃隊78機
水平爆撃隊54機
突撃下令
3時19分
カエナ岬
ハレイワ
陸軍航空基地
コオラウ山脈
突撃下令
4時25分
ホイラー
陸軍航空基地
雷撃隊40機
モカプ岬
太平洋
カネオヘ
海軍航空基地
水平爆撃隊49機
真珠湾
バーバースポイント
海軍航空基地
バーバース岬
ホノルル
ダイヤモンドヘッド
ココ岬
：水平爆撃隊及び雷撃隊
(九七式艦上攻撃機)
：急降下爆撃隊
(九九式艦上爆撃機)
：制空隊(零式艦上戦闘機)
：山
N
0
10km
エヴァ
海兵隊航空基地
ヒッカム
陸軍航空基地
フォード島
海軍航空基地
ベロース
陸軍航空基地

「トラ・トラ・トラ！」乾坤一擲 未曾有の壮図に全世界は震撼した

松田十刻

「トトトトト……」。淵田美津雄《ふちだみつお》総指揮官の命令で、電信員はキーを連打した。「突撃せよ」を意味するト連送だ。昭和十六年（一九四一）十二月八日午前三時十九分。ハワイは七日、日曜日の午前七時四十九分である。報《しら》せを受けた柱島《はしらじま》の山本五十六《いそろく》長官が深く頷《うなず》いた時、零戦、九七艦攻、九九艦爆が真珠湾《しんじゆわん》へと殺到する。空母機動部隊の威力に世界が驚愕《きようがく》した瞬間だった。

訪れたX日、問われる真価

日米交渉が暗礁《あんしょう》に乗りあげるなか、昭和十六年（一九四一）十一月二十三日、千島《ちしま》列島の択捉《えとろふ》島・単冠《ヒトカップ》湾に南雲忠一《なぐもちゅういち》司令長官率いる第一航空艦隊三十隻が集結した。

旗艦赤城《あかぎ》、加賀《かが》（第一航空戦隊）、蒼龍《そうりゅう》、飛龍《ひりゅう》（第二航空戦隊）、瑞鶴《ずいかく》、翔鶴《しょうかく》（第五航空戦隊）と、六隻もの空母を擁《よう》する史上最大の機動部隊（通称・南雲機動部隊）である。

護衛として戦艦比叡《ひえい》、霧島《きりしま》、重巡洋艦利根《とね》、筑摩《ちくま》、警戒隊として軽巡洋艦阿武隈《あぶくま》、第十七駆逐隊（駆逐艦四隻）、第十八駆逐隊（同五隻）、哨戒《しょうかい》隊として潜水艦三隻、洋上で燃料を補給する第一補給隊（タンカー四隻）、第二補給隊（同三隻）が加わっている。

同日午前九時、赤城に各級指揮官、幕僚《ばくりょう》、飛行隊幹部らが集まり、作戦命令が下達《かたつ》された。このとき飛行士官にハワイ作戦が初めて明かされた。翌二十四日には搭乗員全員に伝えられ、二十五日夜、出撃前夜の壮行会が各艦で開かれた。感極まり抱き合って嗚咽《おえつ》する光景がそこかしこで見られ、各科末端の兵に至るまで「やるぞ！」との気概に満ちた。

二十六日午前六時、各艦は一斉に錨《いかり》をあげた。先陣を切るのは警戒隊。これに先立つ二十一日までに、潜水艦隊二十七隻がハワイへ向け進発している。うち五隻には二人乗りの特殊潜航艇が一隻ずつ搭載されていた。

機動部隊は二列三隻ずつの空母群を中心に戦艦、巡洋艦を左右に配置、駆逐艦が周囲を輪形で囲む警戒航行をとり、北緯四五度をやや南下しながら東進した。めざすは三千五百カイリ（約六千五百キロメートル）先の作戦海域。各艦の電信室では送信機のスイッチを封印、逆に受信機はオンのまま、電信員は微弱な電波も逃さないように神経を研《と》ぎ澄まし、広島湾・柱島泊地《はくち》に停泊する連合艦隊旗艦長門《ながと》からの暗号電報を待ち続けた。

長門の艦橋《かんきょう》では司令長官の山本五十六大将が和平交渉に一縷《いちる》の望みを託しつつ、隠密《おんみつ》行動をとる機動部隊に思いを馳《は》せていた。

「ここに至るまで紆余曲折《うよきょくせつ》はあった。しかし、開戦の劈頭《へきとう》で真珠湾の太平洋艦隊を壊滅《かいめつ》させないかぎり、日本は活路を見出せない。何としても、奇襲攻撃を成功させてくれ」

山本は、このときばかりは天佑《てんゆう》を祈った。

機動部隊が日付変更線を越えた十二月一日、御前会議で米英蘭に対する開戦が決定された。

翌二日午後五時三十分、山本より、

「ニイタカヤマノボレ一二〇八《ヒトフタマルハチ》」

の暗号電報が発信された。電文の意味は、

「X日（開戦）を十二月八日とす。予定通り行動せよ」

山本は、海軍航空隊を世界屈指のレベルまで育てあげた立役者の一人である。その真価が、今問われる。

しかし、米軍はすでに機動部隊を捕捉し待ち構えているかもしれない。誰よりも米国の強さを知悉《ちしつ》している者が皮肉にも開戦の火蓋《ひぶた》を切る。山本は不安や期待が入り混じった言いようのない感情に包まれていた。

十二月四日、濃霧《のうむ》と雨に悩まされながら東進してきた機動部隊は、北緯四一度、西経一六五度の待機地点（C点）に達した。ここから南南東に変針、ハワイへ舵《かじ》を切った。七日午前七時、さらに針路を真南にとり、速力を時速十三ノット（約二十四キロメートル）から二十四ノット（約四十四キロメートル）へあげた。

オアフ島までは、約七百五十カイリ（約千三百九十キロメートル）。山本司令長官の訓辞《くんじ》電報を受け、旗艦赤城のマストにDG旗が翻《ひるがえ》った。これは日露戦争の日本海海戦の際、連合艦隊司令長官の東郷平八郎《とうごうへいはちろう》大将が旗艦三笠《みかさ》に揚げたZ旗と同じ「皇国《こうこく》ノ興廃《こうはい》、此《こ》ノ一戦ニアリ、各員一層奮励《ふんれい》努力セヨ」の意味を持つ。搭乗員らはお互いに士気を鼓舞《こぶ》した。

真珠湾攻撃前の空母加賀艦上。進入コースなどを入念に打ち合わせている

一路、真珠湾へ

旗艦赤城の飛行隊長は淵田美津雄中佐である。ハワイ作戦に伴い第三航空戦隊参謀だった淵田は二度目の赤城飛行隊長に就《つ》いた。これは異例の降格人事だが、航空経歴十五年、飛行時間数千時間を誇る淵田こそ総指揮官にふさわしいと望まれてのことだった。

　淵田は第一航空艦隊先任飛行隊長を命じられると、水平爆撃隊と雷撃隊が訓練をしていた鹿児島基地と出水《いずみ》基地、急降下爆撃隊の笠之原《かさのはら》基地と富《とみ》高《たか》基地、制空隊の佐伯《さいき》基地などの状況を掌握《しょうあく》し、集合訓練の指揮を執《と》った。

　作戦会議で、奇襲攻撃（第一次）は雷撃主体と決まった。真珠湾は水深が浅く、雷撃は不可能と言われている。淵田は作戦の成否を握る雷撃の精度をあげるために、熟練搭乗員を集め、鹿児島湾においてアクロバット的な低空飛行の特訓を重ねた。海軍省が三菱《みつびし》兵器製作所に発注した浅海面《せんかいめん》用の安定機付改造魚雷（九一式航空魚雷改二）もどうにか間に合った。が、攻撃時に敵艦の周囲に防御網が張られていれば、戦果は期待できない。すなわち、雷撃は一か八かの賭《か》けだった。

十一月四日から六日にかけては、佐伯湾に停泊中の連合艦隊を真珠湾の米国太平洋艦隊に見立てての特別演習を敢行した。淵田は本番さながらの演習で、自信を深めた。

日本時間十二月八日午前一時（ホノルル時間七日午前五時三十分。以下時間のみ）、重巡洋艦利根と筑摩から、オアフ島偵察のため水上機二機がカタパルトより発進した。

各艦には海軍省の大本営《だいほんえい》海軍部、連合艦隊司令部から間断なく無線連絡が入る。ホノルル総領事館でスパイ活動を続ける森村正《もりむらただし》（本名は吉川猛夫《よしかわたけお》）は、「戦艦八隻が停泊しているが空母はいない」との最新情報を、東京へ打電。その情報は速《すみ》やかに各艦にも伝えられた。

午前一時三十分（午前六時）、各艦の幕僚が艦橋から双眼鏡で凝視《ぎょうし》するなか旗艦赤城のマストに信号旗が揚がった。信号旗が降ろされ、戦闘旗が翻る。甲板後方には、横一列に三機ずつ艦上機が肩を寄せあっている。

全空母は黒煙《こくえん》を吐《は》き、風上へ高速で進んでいる。飛行甲板の前方中央から噴出《ふんしゅつ》した白い蒸

空母瑞鶴から飛び立つ九七式艦上攻撃機

気が放射線状に描かれた風向標識の上を流れる。艦上機の発進には艦《ふね》の速度に風速を加えた合成風力十三メートルが必要とされる。

艦上機のエンジンが、轟々《ごうごう》と唸《うな》る。発着艦指揮所から青ランプの信号灯が円を描いて振られた。整備員が車輪止めのチョークを払う。機体はブレーキをかけているため、武者震《むしゃぶる》いをするかのように振動している。

「発艦！」

各艦一番機の零式艦上戦闘機（零戦二一型）が甲板を疾駆《しっく》して上空へと舞いあがった。続いて急降下爆撃を担《にな》う九九式艦上爆撃機（艦爆・二人乗り）、雷撃と水平爆撃を担う九七式艦上攻撃機（艦攻・三人乗り）が、飛行甲板をいっぱいに使って発進する。艦爆には二百五十キロ陸用爆弾、雷撃機には九一式航空魚雷改二、水平爆撃機には艦船用の八百キロ徹甲《てっこう》爆弾が搭載されている。

空母六隻から飛び立った第一波攻撃隊は制空隊（戦闘機隊）四十三機、急降下爆撃隊五十一機、水平爆撃隊四十九機、雷撃隊四十機の計百八十三機。上空で旋回《せんかい》しながら隊ごとに編隊をつくり、一路、南へ向かった——。

オアフ島までは、特別演習とほぼ同じ二百三十カイリ（約四百二十五キロメートル）。艦爆、艦攻の慣行速度に合わせて飛行し、攻撃開始の予定時刻は午前三時三十分（午前八時）。日本は月曜、ハワイは日曜の朝である。


「全機、突撃せよ！」


淵田美津雄は、艦攻の操縦士と電信員に挟《はさ》まれた真ん中の偵察席で水平爆撃隊を率いた。右側には赤城飛行隊長の村田重治《しげはる》少佐率いる雷撃隊、左側には翔鶴飛行隊長の高橋赫一《かくいち》少佐率いる急降下爆撃隊がそれぞれ五百メートルほど離れ、赤城飛行隊長の板谷茂《いたやしげる》少佐率いる制空隊は三つの大編隊を見守るように五百メートルほど上空を飛行していた。

総指揮官機には米国製の方向探知機（クルシー）を備えてある。淵田がダイヤルを回すと、耳にあてたレシーバーにホノルル放送局の軽快なジャズが飛び込んできた。高度三千メート

空襲開始直後の真珠湾。戦艦オクラホマに魚雷が命中して水柱が上がっている

ル。敵の機影《きえい》は見えない。

前方にオアフ島が現われた。淵田をはじめ搭乗員全員は精巧《せいこう》な模型や航空地図で島の隅々まで手にとるように暗記している。目印にしていた北端のカフク岬が迫る。

「右に変針し、西の海岸沿いを進め」

操縦士の松崎三男《まつざきみつお》大尉に指示した。総指揮官機が右側に旋回すると、後続の大編隊もカフク岬上空で旋回し、海岸沿いを南西方向へ突き進んだ。

「これならば、奇襲でいける」

淵田は午前三時十分（午前七時四十分）、開けた風防から右手を挙げ、信号拳銃の引金を引いた。信号弾を確認した水平爆撃隊、急降下爆撃隊は打ち合わせ通りに展開を始めたが、制空隊は気づいていない。淵田はもう一発、放《はな》った。二発は敵の迎撃を覚悟しての強襲《きょうしゅう》を意味し、急降下爆撃隊が斬《き》り込み隊となる。高橋少佐は強襲と判断し、島の真ん中を裂《さ》くように南へと突進してゆく。村田少佐は湾内が黒煙で包まれる前にと高度を下げた。予定より早いがやむを得ない。

「全機、突撃せよ！」

淵田の命令に電信員の水木徳信はキーを連打。無線が「トトトト……」をくり返す。時刻は午前三時十九分（午前七時四十九分）。

この総指揮官機からの電文を旗艦長門の無電室が直接受信し、すぐに山本に伝えた。山本は目を見開き、口を吻合《ふんごう》したまま深くうなずいた。もう後もどりはできない。

続いて午前三時二十二分（午前七時五十二分）、「ワレ奇襲ニ成功セリ」を意味する、

「トラ・トラ・トラ……」

が打電された。

急降下爆撃隊は高度四千メートルからダイブし、フォード島海軍航空基地、ヒッカム陸軍航空基地、ホイラー陸軍航空基地へ爆弾を叩きつけた。真珠湾の周辺は凄《すさ》まじい爆裂音が轟《とどろ》き、紅蓮《ぐれん》の炎や黒煙があがる。

村田少佐率いる雷撃隊はフォード島に停泊する戦艦に狙いを定め、低空飛行から魚雷を発

日本軍の攻撃で炎上するアメリカ太平洋艦隊

射した。幸い魚雷防御網は張られていない。「雷撃の神様」の異《い》名《みょう》がある村田は、戦艦ウエスト・ヴァージニアに魚雷を命中させた。四隊の雷撃隊は攻撃しやすい角度から侵入し、縦横に魚雷を放った。戦艦オクラホマも雷撃を受けて大爆発、炎上した。

　淵田が指揮する水平爆撃隊は高度三千メートルから順《じゅん》繰《ぐ》りに徹甲爆弾を投下した。これだけの高高度からだと戦艦も木《こ》の葉《は》のようにしか見えない。が、戦艦アリゾナには四発も命中した。一発が火薬庫の誘爆《ゆうばく》を引き起こし、アリゾナは火柱を噴きあげ、千百七十七人の乗組員とともに海底に沈んだ。

　制空隊の零戦は離陸してきたカーチスP36と対戦したが、中国戦線で戦ってきた百戦錬《れん》磨《ま》の搭乗員の敵ではない。

第一波攻撃隊が一時間ほどで作戦を切りあげたあと、第二波攻撃隊はカフク岬の東岸から作戦を展開。午前四時二十五分（午前八時五十五分）、真珠湾に突入した。

第二波攻撃隊は制空隊三十五機、急降下爆撃隊七十八機、水平爆撃隊五十四機の計百六十七機。雷撃機は迎撃態勢を整えた米軍に狙い撃ちされるため、投入されていない。

指揮官は瑞鶴飛行隊長の嶋崎《しまざき》重和《しげかず》少佐である。嶋崎率いる水平爆撃隊は航空基地を叩き、「艦爆の神様」こと蒼龍飛行隊長の江草《えぐさ》隆繁《たかしげ》少佐率いる急降下爆撃隊は火焔《かえん》や黒煙をかいくぐって戦艦や巡洋艦に爆弾を浴びせた。

赤城分隊長の進藤《しんどう》三郎《さぶろう》大尉率いる制空隊は各飛行場の飛行機を粉砕《ふんさい》し、格納庫などに攻撃を加えた。進藤は零戦の初陣（中国重慶）を指揮したベテランである。どの搭乗員も血の滲《にじ》むような猛特訓を重ねてきただけに、熾烈《しれつ》な対空砲火を物ともせず果敢に戦った。

午前五時十五分（午前九時四十五分）、第二波攻撃隊は作戦を終え、帰投した。

攻撃隊は戦艦四隻を撃沈するほか、戦艦、巡洋艦、駆逐艦など十八隻に甚大な損害を与え、飛行機約二百機を破壊した。米軍側の死傷者は約三千八百人。機動部隊の未帰還機は自爆を含む二十九機、戦死者五十五人。

この日、日本の空母機動部隊が仕掛けた乾坤一擲《けんこんいってき》の真珠湾奇襲攻撃の成功は、世界に衝撃を与えた。

従来の戦略の常識を覆《くつがえ》した山本五十六は、戦史にその名を刻んだのだ。

真珠湾は誇るべき作戦だった……駆逐艦でハワイを目指して

元駆逐艦陽炎航海長　市來俊男《いちきとしお》／取材・構成　久野　潤

「大したものだ。これでは戦艦は航空機にやられてしまう」

昭和十五年（一九四〇）三月の連合艦隊雷撃演習に参加した市來氏は、小澤治三郎《おざわじさぶろう》第一航空戦隊司令官指揮の航空攻撃に瞠目《どうもく》しながら、そう感じたという。

翌年、駆逐艦「陽炎《かげろう》」の航海長となった氏は、機動部隊の一員として波濤《はとう》を蹴《け》った。


（本記事は、生前の取材をまとめたものです）

「これは大したものだ。航空部隊はよくやるな」

山本五十六中将（当時）が連合艦隊司令長官に親補《しんぽ》される前月の昭和十四年（一九三九）七月、私は海軍兵学校六十七期を卒業しました。ハワイへの遠洋航海を経て昭和十五年（一九四〇）一月、戦艦「榛名《はるな》」に見張士として配属されました。

同年三月、連合艦隊の雷撃演習が行なわれました。第一航空戦隊司令官だった小澤治三郎少将（当時）が航空部隊を指揮して、第一航空戦隊と第二航空戦隊そして陸上攻撃機隊が合同で戦艦部隊を目標艦にした攻撃を行なったのです。「榛名」艦橋にいた私の目に入ってきたのは、航空機が入れ代わり立ち代わり攻撃してきて高角砲《こうかくほう》も間に合わない光景でした。そうしている間にも演習魚雷が、航行中の戦艦の艦底をどんどんくぐってゆく――実戦では次々に魚雷が命中しているということです。「あぁ、これは大したものだ。航空部隊はよくやるな」という感じを私も受けました。当時はまだ、航空機の主要な任務は戦艦などによる砲撃戦の弾着観測や艦隊の上空護衛だと位置付けられていた時節でしたが、この演習を見ていた人は、これではもう戦艦は航空機にやられてしまうと考えたのではないでしょうか。連合艦隊旗艦の戦艦「長門」艦上でこの演習に臨んでいた山本長官も、連合艦隊参謀長兼第一艦隊参謀長の福留《ふくとめ》繁《しげる》少将（当時）に「これ（航空機）でアメリカ艦隊をやれないものか」と漏《も》らしたといわれます。

その頃はまだ、私も周囲もみんな大艦巨砲主義でした。ただ航空機自体の発達は、よく認識されていました。ベテラン飛行機乗りの海軍中佐だった角田《つのだ》求士《ひとし》さんに後年聞いたところでは、当時の飛行機乗りたちは、飛行機の性能がどんどん上がってくるので、それを新しい着想でどういうふうに使ったらいいかを、非常に熱心に研究していたそうです。

駆逐艦陽炎の甲板にて

昭和十六年（一九四一）三月から呂号《ろごう》演習（陸海軍合同の大規模演習）が始まって、唐津《からつ》や鹿児島で上陸訓練なども行なわれ

市來俊男氏（平成25年撮影）

ました。同年十月、私は中尉に進級し、駆逐艦「陽炎」航海長となりました。そして十月末、連合艦隊は常時編成から任務編成へと変更となります。それまで第二艦隊の第二水雷戦隊に所属していた私の乗艦の「陽炎」と「不知火《しらぬい》」、「霞《かすみ》」、「霰《あられ》」の第十八駆逐隊は、引き抜かれて機動部隊へと編入されました。私が機動部隊という言葉を初めて聞いたのはこの時のことで、いったい何をする部隊だろうと思ったものです。

その時、我々は知るよしもありませんでしたが、この時、ハワイ作戦を行なう機動部隊と、マレー作戦のための南方部隊が編成され、任務別に訓練が行なわれることになったのです。「陽炎」など当時新鋭の大型駆逐艦が機動部隊に編入されたのは、ハワイまで行くためにはたくさんの燃料を積まなければならないからでした。燃料の洋上補給訓練も、何度も行なわれたものです。

機動部隊は鹿児島の志布志《しぶし》湾などで訓練を行ないました。沖合に出て、航空機による攻撃訓練も行なわれましたが、「陽炎」はじめ駆逐艦は警戒任務についているだけですから、航空攻撃に直接関わるような訓練はありません。

海軍でも、何に搭乗しているかで気性《きしょう》に違いがあるものです。海に潜《ひそ》む役割の潜水艦乗りは、やはり粘り強い人が多い。飛行機乗りは身体も丈夫《じょうぶ》で勘《かん》もいい。飛び立ったら自分が指揮官ですから、とっさに判断して決心する力量の面で、上官がたくさんいて組織で動く船乗りとは違うように感じたものです。

ご飯も炊けぬほどに荒れた海で

真珠湾攻撃については完全に秘匿《ひとく》されたままでした。「陽炎」は昭和十六年十一月十九日、空母「加賀」と共に択捉島単冠湾に向けて出航しましたが、防寒服の積み込みや耐寒工事（上甲板にスチームを流すパイプを張る）を命じられていたので、カムチャツカやシベリア、はたまたウラジオストクにでも行くのかと思料《しりょう》していました。ところが単冠湾に到着する段階で、「陽炎」の横井《よこい》稔《みのる》艦長からハワイ作戦だと聞いたのです。

私は、海軍兵学校卒業後の遠洋航海でハワイに行った時のことを思い出しました。練習艦「磐手《いわて》」で、ホノルルとヒロに寄港したのです。明け方にホノルルに入る際、指導官附将校から「今、真珠湾の入り口を通るから、よく見ておけ」といわれましたが、薄明《うすあ》かりがついているだけで、あとはヤシの葉で何も見えませんでした。もちろん日本軍艦は真珠湾内には入れてもらえず、別の桟橋《さんばし》から上陸しましたが、ハワイの日系人が大歓迎してくれて、真珠湾が見える丘まで案内してくれたこともありました。

あの時は誰も、真珠湾に機動部隊で攻撃をかけることなど思いもしませんでした。しかし大日本帝国海軍はそこに航空攻撃をかけるのです。

十一月二十六日、機動部隊は単冠湾を出撃。時化《しけ》る時期でもあるので、航海長である私としては、自分たちの位置をしっかり把握することが大事になります。米軍に気づかれないように無線通信を封鎖《ふうさ》していましたから、はぐれてしまっては大変です。発光信号だけを頼りに、時化ていても周囲に万全の注意を払いながら航行します。星が見えたら夜中でも起こしてもらい、天測して艦の位置を確認しました。あとは何より、機関がトラブルを起こさないよう厳重に注意していました。出港前に司令部から、「その時には助けに行かない」といわれていたからです。

空母、戦艦、巡洋艦が並び、駆逐艦はその周りを三千～四千メートル離れて、警戒態勢を取りながら進んでゆきます。他艦では荒波にさらわれて行方不明者も出たほど、海は時化て

練習艦磐手での遠洋航海にて、ホノルルを訪れた際の写真

いました。烹炊所《ほうすいじょ》でご飯が炊《た》けないくらい揺れるので、乾パンをかじったり、なんとか炊けた時はおにぎりをザルに入れて士官室内で吊《つ》るして食べたりしていました。

　この間に日米交渉が決裂し、十二月二日には山本長官より「ニイタカヤマノボレ一《ヒト》二《フタ》〇《マル》八《ハチ》」、すなわち十二月八日戦闘行動開始の命令を受信します。無事に攻撃隊発艦地点まで進撃できるか——

途中でアメリカ側に見つかって攻撃されたら、やられるのはすぐ隣を進む大きな航空母艦や戦艦ではないか、という思いが頭をよぎることもありました。

十二月三日になるとハワイの民間ラジオ放送がどんどん受信できるようになりました。一晩中放送をやっていましたから、「アメリカ側は気づいていない。作戦はうまくいっているようだ」と確信しました。ただし、やはり皆、かなりピリピリしていたのでしょう。その頃になると、各艦から「敵機発見」との発光信号が何度か出されました。我が艦隊の気象観測気球が発する光を敵機と見間違えたのです。

艦内は歓声に湧き立った

十二月八日未明、ついに機動部隊の空母から第一波攻撃隊が発艦します。私が乗る「陽炎」は、第二航空戦隊の山口多聞《たもん》司令官が座乗する空母「蒼龍」の千メートル後方に位置していましたが、その距離は海の上ではすぐ目の前です。夜明けには艦載機の試運転の音がどんどん聞こえてきました。滑走《かっそう》距離が短い戦闘機がまず発艦し、次に爆撃機、最後に攻撃機が飛び立っていきます。艦上攻撃機は重たい魚雷や八百キロ爆弾を抱いているので、発艦した後で一瞬沈み込む。後ろから見ていると、まるで落ちてしまったように見えました。機動部隊の運用で一番難しいのは、航空機を時間通りうまく順番に発艦させ、そして上空で編隊となって集合することでしたが、さすが熟練のパイロットたちは見事に進撃して行きました。

やがて攻撃隊から、「トラ・トラ・トラ（我レ奇襲ニ成功セリ）」を受信。攻撃が始まると、ハワイのラジオ番組は止まりました。そして「軍人は至急配置へ戻れ」という放送や、真珠湾が攻撃されているという電報が生でどんどん入ってくる。ホッとすると同時に、艦内は歓声に湧《わ》き立ちました。これだけうまくゆくとは、誰も思っていなかったはずです。

第二波攻撃隊が一時間後に発艦したあと、第一波が帰艦する頃にはもう明るくなっていました。損傷機が着艦する際に艦橋にぶつかりそうになって、わざと海中へ落ちていった機もありました。後ろに続く「陽炎」は、すぐに搭乗員を引き揚げます。引き揚げられた搭乗員は、「陽炎」の艦橋で戦果を報告する。それを旗艦「赤城」に信号で伝達するわけです。第一波の搭乗員は、「敵はまったく気づいておらず、雷撃に成功した」と報告しました。しかし第二波の艦爆で着艦し損なった機を引き揚げたところ、搭乗員が「急降下すると目の前に火の玉が来て目も開けられず、自分の落とした爆弾は当たらなかった」というのです。奇襲に成功した第一波と違い、反撃されて強襲となった第二波は被害も多かったのです。

第二波攻撃隊が帰艦後、山口司令官が「蒼龍」から「赤城」へ「第二次攻撃準備完了」という発光信号を送られたのを覚えています。「陽炎」の横井稔艦長は山口司令官の支那《しな》事変での武勲《ぶくん》も知っているので、「あぁ、やっぱり山口さんらしいなあ」といっていました。しかし南雲忠一長官はこれに応ぜず、機動部隊は北上して帰還しました。魚雷などの兵器がすでに尽きていて、ハワイ攻撃はあれで精一杯だったという説もありますが、ともあれ最初に内地を出る時から、攻撃力を第一撃に集中してやれという雰囲気があったことも確かです。

ちなみに、一緒にハワイに練習航海に行った同期二人（横山正治《よこやままさはる》・古野繁実《ふるのしげみ》）が特殊潜航艇で出撃してあの真珠湾の入り口に向かい、帰還しなかったことを聞いたのは、呉《くれ》に戻ってからのことでした。

真珠湾攻撃をやるべきだったかと聞かれれば、私はやるべきだったと考えます。でなければ、南方作戦の土台が崩れてしまったかもしれません。また、あの時点は、艦艇保有量では海軍力が対米七割になる時期でした。彼我《ひが》の国力差を考えれば、開戦が延びたら戦力差は再び大きく開いてしまう。対米七割なら何とかなると考えたことも確かでしょう。

しかし開戦後、日本はロジスティックス（兵站《へいたん》）の面で決定的に後《おく》れを取ってしまうことになります。「大和《やまと》」や「武蔵《むさし》」という戦艦を造れる技術もある立派な海軍でしたが、逆に「対米七割」ということを意識しすぎてしまった面もあるかもしれません。その点は返す返すも残念です。

ただ、真珠湾攻撃自体は、特にあのように見事に航空兵力を集中運用するということは、まことに画期的《かっきてき》なことで、その後の世界の戦略思想を大きく進化させる契機《けいき》ともなりました。その点からしても、真珠湾攻撃は日本が歴史上誇るべき作戦だったといえると思うのです。

※執筆者註：戦後は海上自衛隊で幹部学校教育部長（海将補）まで務めた市來俊男氏は、平成三十年三月二十六日に逝去しました（享年九十九）。

「命中させてくれ！」皆の期待を背に、われ敵艦隊を雷撃す

元空母加賀艦攻隊　前田《まえだ》　武《たけし》／取材・構成　久野　潤

「最初に敵味方の航空隊が戦い、
生き残ったほうが敵艦隊を攻撃する。
死ぬのも早いけれども、やりがいはあるだろう」……。
そう考えて昭和十三年（一九三八）、
前田氏は第三期甲種《こうしゅ》飛行予科練習生となった。
猛訓練の日々を経て、空母「加賀」の雷撃隊に配属、
真珠湾では戦艦「ウェスト・ヴァージニア」の横腹を狙う。

（本記事は、生前の取材をまとめたものです）

死ぬのも早いが、やりがいはあるだろう

私が海軍に入った契機は、旧制中学校四年生の時に内緒で海軍に入った同級生から、翌年電話で「実は甲種予科練《よかれん》（飛行予科練習生）一期に合格して海軍航空隊にいるんだ、前田も来ないか」といわれたことでした。彼はのち中攻（中型攻撃機）乗りになる富田三夫《とみたみつお》ですが、私自身も小さい頃から飛行機に憧《あこが》れていました。

昭和十三年十月、私は晴れて第三期甲種飛行予科練習生となります。私が海軍に入った頃には〝日本に上陸されたら、もう負けだから、戦闘をやるなら洋上で〟というイメージが既にありました。最初に敵味方の航空隊同士が戦い、生き残った方が敵艦隊を攻撃する。何万トンもの戦艦同士が撃ち合うのは、もっと後。その意味では死ぬのも早いけれども、やりがいはあるだろう――そう思って、私も予科練に入ったのです。

予科練に入ってみると、下士官の教員が暴力を振るい、人間扱いじゃない。我々三期生は元気というか無鉄砲というか、「国のために死ぬ覚悟で予科練に入ったのに、その前にひどくやられるのは理不尽だ」と立腹して、全員で「中学の後輩たちに『甲種予科練など受験するな』と手紙を書いて発送してやれ」などと計画を立てたものです。どこで漏れたか実行前にバレてしまいましたが、ただ、それ以降は待遇《たいぐう》もよくなりました。

予科練での訓練風景（『飛行機操縦読本』東学社、昭和13年発行より）

飛行機では洋上を三百マイルも四百マイルも飛ばなければならないので、操縦員、偵察員、電信員というように役割分担が必要となります。その役割分担や、どの飛行機に乗るかは、成績と適性で決まりますが、いずれにせよ最低でも三百時間ほどは訓練しないと熟練搭乗員とは見なされません。

私が乗ることになった九七式艦上攻撃機（三人乗りの九七艦攻）は、前から操縦員／偵察員／電信員の順。操縦員は空母から発艦して着艦するのが最大の仕事で、飛んでいる間は偵察員の指示に従って操縦します。ただ、真珠湾攻撃の時は湾の水深が浅かったので、魚雷攻撃を成功させるために低い高度を正確に飛べる腕前が要求されました。

偵察員は発艦してから着艦するまでの航路を決める責任者のようなものです。大海原の上では、目視できる目標がないことが多いですし、天候が悪い場合もあります。きちんと航法で自分の位置を把握していなければ目的地に到達することもできません。航路の三～四マイルの誤差は想定内ですが、二十～三十マイルもずれると、もう母艦に戻ってくることはできなくなります。偵察員となった私も、訓練のほとんどが航法でした。

電信員は味方からも敵からもいろいろ入ってくる電波に、身につけたレシーバーで的確に対処する役割です。ですから、英語も分からなければ務まらない仕事です。また、後部機銃の射手でもありました。

昭和十六年（一九四一）九月、私は空母「加賀」配属となりました。この頃にはタラント空襲（昭和十五年十一月、イギリス空母艦載機二十一機が碇泊《ていはく》中のイタリア戦艦部隊に大損害を与える）やビスマルク追撃戦（昭和十六年五月、イギリスが空母雷撃機でドイツ戦艦「ビスマルク」を足止めし、その後、戦艦の砲撃で撃沈）についても伝わってきていましたので、航空隊の攻撃力を確信していました。

操縦員の吉川《よしかわ》與四郎《よしろう》三等飛行兵曹《へいそう》（昭和十二年志願兵／鹿児島出身）は「加賀」乗り組みからずっと一緒で、乗機が落ちれば一蓮托生《いちれんたくしょう》の仲ですから、飲みに行く時も含めて普段から行動を共にしたものです。上官から「ペアの操縦員との相性はどうだ?」と聞かれて、もし私が難色を示せば、交代させられることもありえました。しかし吉川とはお互いにツーカーの信頼関係で、一緒に三百時間くらい飛行したでしょうか。もう一人の王子野光二《おうじのこうじ》二飛曹《にひそう》（乙《おつ》種《しゅ》飛行予科練習生／宮崎出身）は大人しくて気のやさしい男でしたが、酒を飲まなかったので行動が別のことが多かったように思います。

前田 武氏（平成25年撮影）

鹿児島や鹿屋《かのや》でも訓練を行ないましたが、航法の訓練は、陸地や島が見えるところでは意味がないので、鹿児島から遠方に出て行ないます。雷撃訓練では目標のすぐ手前、高度十メートルで魚雷を投下することを繰り返します。錦江湾《きんこうわん》でも訓練をしました。しかし投下訓練は、人目の多い錦江湾では行ないませんでした。今でこそ、「錦江湾を真珠湾に見立てて訓練」といわれますが、その時は、まさか真珠湾に行くとは思いもよりません。訓練の内容から、「戦争が始まる」「どうやら対艦攻撃だ」ということはだいたいわかりましたが、イギリスと戦うのだろうかくらいに考えていて、アメリカと戦うとは思っていませんでした。ともあれ、半年も訓練を重ねると、だいぶ自信がついてきました。

「お前らだけでも無事に日本の母港に帰ってくれ」

「加賀」での居住区は、最後部の搭乗員室。艦載機搭乗員は「戦いになれば真っ先に死ぬ人間たちだから」と、皆から親切にされました。やがて「加賀」が鹿児島を出港して戦闘機隊・艦爆隊の搭乗員も一堂に会し、旗艦「赤城」以下第一航空艦隊（機動部隊）が択捉島単冠湾に集結すると、「本当に戦争が始まるのだ」との思いが強くなっていきました。

いよいよ明日、単冠湾を出港するという時になって、まず攻撃隊搭乗員だけに作戦会議の場で真珠湾へ行くことが艦長命令で知らされます。この時、二等飛行兵曹であった私の飛行時間はすでに約千時間で、雷撃隊員としては押しも押されぬベテラン搭乗員でした。ハワイを攻撃すると聞いて、さすがにびっくりしましたが、我々、飛行機乗りは出撃するたびに「これが最期だ」と思って行くのです。先駆けで敵に立ち向かってゆく我々の死傷率が高いであろうことは、予科練時代から承知の上で、国を思い、国のために死にに征く覚悟がありました。

北太平洋を航行中、ひどく時化ている時に舷側《げんそく》を歩いていた乗組員が波にさらわれて死亡したほどに、海は荒れて艦の揺れもすさまじいものでした。食器を机の上に置けないので、食事も立ったままとりました。出撃二日前の十二月六日には、艦長主催で無礼講《ぶれいこう》の酒宴が開かれます。これまで暴力を振るっていた先任下士官も、初めて向こうから握手を求めてきました。皆の心の中には「もう帰ってこられないかも知れない」との思いがありました。

出撃が近づいてくるにつれ、「正確に目標の敵艦を攻撃できるか」という不安も募《つの》ってきます。しかし、これまで動いている艦を相手に訓練を繰り返してきたのだから、真珠湾の動かぬ敵艦などワケはない、と言い聞かせて出撃への覚悟を固めるの

飛行服を身にまとった三等飛行兵曹時代の前田氏

でした。

出撃当日、十二月八日、未明に起床して新しい下着に取り替え、赤飯と尾頭《おかしら》つきの魚の朝食をとりました。第一波攻撃隊に出撃命令が出され、飛行甲板に駆け上がって整列。その際には甲板下で、私の故郷（現在の福井県大野市）からさほど遠くない白山比咩《しらやまひめ》神社（加賀国一《かがのくにいち》之宮《のみや》）より分霊された艦内神社（加賀神社）に改めて二拝二拍手一礼で参拝しました。

第一波攻撃隊百八十三機のうち、村田重治少佐（「赤城」飛行隊長）率いる雷撃隊は四十機、私は「加賀」第一中隊第四十一小隊の二番機。出撃前、整備科で魚雷を機体に搭載して投下試験を行ないます。「試験完了！」と告げた魚雷員が、「命中させてくれ！」と私の手を握り締めてくれました。

いよいよ全空母が変針して風上に向首し、第一波攻撃隊発艦開始。最初に零戦、次に九九艦爆さらに水平爆撃隊の九七艦攻、そしていよいよ我々雷撃隊の番です。八百四十キロという重い魚雷を抱えているため、主脚が飛行甲板を蹴った瞬間グッと機体が沈み、次の瞬間主脚をたたみながら、フラップ（主翼の高揚力《こうようりょく》装置）が風をはらんで機体がスーッと浮いてゆきます。帽子を振って見送る「加賀」乗組員がだんだん小さくなっていって、私は心の中で「さようなら、お前らだけでも無事に日本の母港に帰ってくれ」と別れを告げました。

空高く立ち上がった茶色の水柱

予想に反し、ハワイへはまったく予定通り飛行できました。一番の心配は、こちらの接近が敵に気付かれていないかということです。もし気付かれずに〈奇襲〉となれば我々雷撃隊が真っ先に出る、気付かれて〈強襲〉になった時は急降下爆撃隊が先陣を切って対空砲火を制圧する――そういう手はずでした。その判断を下すのは、総指揮官である淵田美津雄中佐です。淵田機からの信号拳銃が一発なら〈奇襲〉、二発なら〈強襲〉の合図でした。淵田隊長は〈奇襲〉と判断し、最初一発だけ撃ったようですが、後続機に認識されなかったと思ったのか、さらにもう一発撃ってしまった。それを急降下爆撃隊が〈強襲〉と判断して、先にオアフ島北側の飛行場を爆撃し始めてしまいました。

こうしたハプニングはあったものの、雷撃隊は予定通り攻撃態勢に入ります。発艦前に、我々の攻撃目標は戦艦「ウェスト・ヴァージニア」と聞いていましたが、それは本当に嬉《うれ》しいことでした。海軍軍縮条約発効前の最後に竣工《しゅんこう》したアメリカ戦艦であり、我が連合艦隊の旗艦「長門」のようなものでしたから。

自分の座席に敵艦を横から撮った写真を置いて確認しつつ、一番機に続いて突入。海面スレスレから攻撃目標の戦艦に肉薄《にくはく》すると、敵が射ち上げてくる機銃弾が主翼の端《はし》などに当たるのがわかります。「よーい、テッ！」という掛け声と共に、敵艦の目前で投下索《とうかさく》を引きました。魚雷投下と同時に、軽くなった機体がグーンと浮いて、敵艦の艦橋スレスレを通り過ぎます。後ろを振り返ると、左舷側で茶色の水柱が空高く立ち上がりました。「命中!!」。

攻撃後は敵の反撃を避けつつ、指定時刻に集合地点で合流。編隊を組んで母艦に向かいました。私の機は砂利《じゃり》交じりの泥をさんざん浴びて、風防《ふうぼう》も泥だらけ。「加賀」に着艦できたときは本当にホッとしました。しかし同時に、すぐに再出撃する覚悟もありました。ところが、その命令は下りませんでした。敵戦艦に大損害を与えたので大丈夫かなと思う一方で、敵の格納庫や石油タンクなど陸上施設がまだまだ健在でしたから、せっかくここまで来たのにもったいないなあ、という気がしたものです。熟練度では自分たちの方が絶対にアメリカより上だ、という自信もありました。

「加賀」着艦と同時に、エンジンが停止してしまった九九艦爆がありました。私の機には二十二発も弾痕《だんこん》があり、プロペラがノコギリの歯のようになっているのを見て背筋が寒くなる思いがしました。

真珠湾攻撃における未帰還機全二十九機中「加賀」艦載機が十五機。中でも雷撃隊の未帰還十二機のうちの五機が「加賀」でした。国を守りたいという必死の想いと覚悟が、その損害につながったのではないでしょうか。

※執筆者註：公益財団法人海原会名誉会長を務めていた前田武氏は、令和元年七月二十九日に逝去しました（享年九十八）。

真珠湾、珊瑚海、ミッドウェイ、レイテを再検証する

大木　毅

太平洋戦争中の海軍作戦を、
どのように評価すべきなのか。
真珠湾攻撃、珊瑚海《さんごかい》海戦、ミッドウェイ、
レイテといった主要な海戦を分析しつつ、
その光と影、そして宿痾《しゆくあ》というべき問題点に迫る。

軍令部と連合艦隊の対立

本稿の課題として筆者に与えられたのは、太平洋戦争における日本海軍の作戦、その光と影を論じることである。

といっても、太平洋戦争は四年近くも続き、実施された作戦も多岐にわたるから、それらすべてを検討することは紙幅《しふく》が許さない。

そこで、開戦直後の半年余（太平洋戦争の勝敗は、この期間に決まったといっても過言ではない）に生起した真珠湾攻撃、珊瑚海海戦、ミッドウェイ海戦を中心に論じた上で、近年アメリカの戦略家によって注目されているレイテ沖での日本海軍の作戦を分析、主たる議論の補遺《ほい》としたい。

よって、最初に真珠湾攻撃からミッドウェイ海戦に至る時期の諸作戦を論述していきたいが、その際、大きな問題となるのは、軍令部と連合艦隊のあいだの矛盾と対立であろう。

日本海軍、とりわけ天皇の輔翼《ほよく》機関として海軍作戦の立案に当たる軍令部が、対米戦争の大方針として、邀撃《ようげき》戦略を採用していたことは有名である。

日米開戦の場合、海軍はただちにフィリピン（当時、アメリカの植民地）攻略にかかる。アメリカは手をこまぬいていることはできず、必ずや太平洋艦隊を出動させ、フィリピン救援をはかるであろう。

この太平洋を西進する敵を、マーシャルやマリアナなど日本の委任統治領であった諸島を基地とする航空隊や潜水艦で攻撃、徐々に勢力を減殺《げんさい》していき、最後に日本近海で決戦に持ち込み、これを撃滅するというのが、日本海軍の伝統的な構想であった。

こうした作戦構想は、対米英蘭（オランダ）戦争が現実味を帯びてくるなか、日本の戦争指導方針として定められた戦略にも合致していた。

その戦略方針とは、南方資源地帯を確保、長期不敗態勢を確立して、同盟国ドイツがソ連、もしくはイギリスを屈服させることを期待、その機に乗じて戦争終結に持ち込むというものである。従って、この漸減邀撃作戦が太平洋戦争において実行される可能性はきわめて高かったといえる。

だが、軍令部の邀撃作戦案に、真っ向から異議を唱える者がいた。海軍実戦部隊の総指揮を執る、連合艦隊司令長官山本五十六大将である。

山本にしてみれば、軍令部の戦略・作戦は、必勝とは程遠いものだった。アメリカ一国だけを相手にする場合でさえ、漸減《ぜんげん》邀撃作戦が成功するかどうか心もとないのに（事実、軍令部や海軍大学校で行われた図上演習は、しばしば思わしくない結果を示していた）、国際情勢の変化から、イギリスとの戦いも考慮に入れなければならなくなっている。

また、第一次世界大戦以来の変化をみれば、ただ一度の決戦で戦争の勝敗が定まるようなことはあり得ない。来《きた》るべき太平洋の戦争は、大小さまざまな海空戦の連続となるのは必至であろう。

加えて、単に南方攻略作戦だけを考えても、米太平洋艦隊に自由な行動を許していては、思わぬ妨害を受け、資源地帯占領が挫折《ざせつ》する恐れすらある——。

否、断じて、邀撃作戦を採用するわけにはいかない。

そう判断した山本五十六が提案したのが、真珠湾攻撃だったのだ。

真珠湾攻撃は愚策か

開戦劈頭、米海軍の太平洋における主要策源地であるハワイ真珠湾を、空母の艦上機で叩き、敵艦隊に大打撃を与える。山本が、この真珠湾攻撃の着想を得たのは、昭和十五年（一九四〇）三月までさかのぼるとされる。

空母の航空隊が見せた、大編隊による昼間雷撃訓練でのみごとな攻撃ぶりを目撃した山本が、侍立《じりつ》していた連合艦隊参謀長福留繁少将に、「飛行機でハワイを叩けぬものか」と洩《も》らしたというのである。

　昭和十六年（一九四一）を迎えて、日米関係がますます悪化するなか、山本は真珠湾攻撃計画を具体的に練りはじめた。航空の専門家である大西瀧治郎《たきじろう》少将（当時、第一一航空艦隊参謀長）に、作戦計画の立案を命じたのだ。

　そこで大西は第一航空戦隊参謀源田実大佐とはかって、ハワイ攻撃の基本構想を固め、提出した。山本は、この大西案をもとに、上級組織である軍令部に、対米作戦に真珠湾攻撃を組み入れ、その準備を行うように申し入れる。

　激烈な論争がはじまった。軍令部は、投機的でリスクが大きいと思われる真珠湾攻撃に同意しなかったのだ。

　この作戦は、たとえば、ハワイへの途上でアメリカ、あるいは中立国の商船に遭遇するだけで、奇襲の企図《きと》が水泡《すいほう》に帰《き》してしまうような危険な作戦であるというのが、軍令部の言い分だった。

　また、この時点では、より破壊力の大きな魚雷を、水深の浅い真珠湾港内で使用できる見込みが立っておらず、たとえ空襲にこぎつけても、米主力艦に致命傷《ちめいしよう》を与えられるかどうか、確実ではなかった（攻撃実施時までに浅海面用魚雷開発に成功したため、この障害は克服された)。

しかし、連合艦隊側は譲らなかった。軍令部の了解を得ないまま、昭和十六年八月下旬までに真珠湾攻撃計画を完成させた山本は十月に、ハワイ作戦を実行しないのであれば司令長官の職を辞するとまで述べ、自らの主張を通したのである。

山本にとって、真珠湾攻撃により米太平洋艦隊を無力化することは、南方攻略のみならず、戦争を遂行する上で必要不可欠の前提条件だったのである。

かくて、昭和十六年十二月八日、真珠湾攻撃は実行された。その経緯は詳述するまでもあるまい。大型空母六隻から発進した航空隊は、真珠湾奇襲に成功、戦艦四隻撃沈、三隻大破、一隻中破をはじめとする大戦果を挙げたのだ。

戦術的には申し分のない成果であり、作戦的にも、南方資源地帯攻略のあいだ、米主力艦隊の介入を封じたという点で目的を達したものといえよう。

にもかかわらず、今日まで真珠湾攻撃を愚策《ぐさく》と難じる声は後を絶たない。

空母が真珠湾に在泊《ざいはく》しておらず、これを討ちもらしたのでは意味がない。奇襲に成功したからには、第二撃を加えて、地上の石油タンクや海軍工廠も破壊すべきだった。開戦通告前の攻撃で米国民を憤激《ふんげき》させ、戦争終結に向かう交渉を困難にさせた……。

一見もっともらしい批判ではあるけれども、後知恵《あとぢえ》が入り込んではいないだろうか。まず、航空母艦が海戦の主役であるとの事実は、まさにこの真珠湾攻撃の成功が証明したことである。つまり、それまでは空母を至上の目標とするような思想は、一部の航空主兵論者を除けば、一般的ではなかった。であるのに、米空母をつぶすことを真珠湾攻撃の主眼に置かなかったというのは、時代を先取りした明察を要求することにほかならない。

再攻撃を怠《おこた》ったとする批判が正しいかどうかに関しては、イギリスのウィルモット、日本の等松春夫《とうまつはるお》らによる共同研究が参考になる。彼らは、攻撃隊再給油に要する時間、再攻撃に使用できる機種・機数など、当時の状況を精査し、再攻撃を行わなかった第一航空艦隊司令長官南雲忠一中将の判断は、適切だったと評価したのである（H.P.Willmott with Haruo Tohmatsu and Spencer Johnson, *Pearl Harbor*, London, 2001）。

最後の批判に対しては、歴史のイフを論じることになり、回答困難であるというしかない。だが、もし仮に真珠湾攻撃を行わないまま、日米戦争に突入したとしよう。そうなれば、史実ほどには米国民の士気は揮《ふる》わなかったはずだとする主張にも、けっして根拠があるわけではない。

結局のところ、米太平洋艦隊をマヒさせなければ、南方攻略の条件も整わないこと、日米海軍戦力のアンバランスを覆す必要等を考えれば、真珠湾攻撃は「勝敗を第一日に於《おい》て決する覚悟」（山本五十六起草の昭和十六年一月七日付「戦備に関する意見」）。以下、引用にあたっては、旧字旧仮名を新字新仮名に直し、ルビを補う）で実行しなければならなかったのだ。

珊瑚海海戦の蹉跌

いわゆる第一段作戦、シンガポールや蘭印《らんいん》、フィリピンなどの南方要地・資源地帯の攻略が順調に進捗《しんちょく》すると、つぎの作戦が問題となってきた。

昭和十七年（一九四二）一月五日、連合艦隊参謀長宇垣纏《うがきまとめ》少将は、「第一段作戦は、大体三月中旬を以《もっ》て一応進攻作戦に関する限り之《これ》を終了し得《う》べし。以後如何《いか》なる手を延ばすや、豪州《ごうしゅう》に進むか、印度《インド》に進むか、布哇《ハワイ》攻撃と出掛《でか》るや。乃至《ないし》はソ連の出様《でよう》に備え好機之を打倒するか」と日記に書き込んだ。当時の連合艦隊の楽観、さらには、本稿後段で述べる短期決戦主義をうかがわせる史料ではある。

しかし、軍令部もまた、長期不敗態勢の確立を戦略目標としていたにもかかわらず、オーストラリア方面への出戦案は有望であると考えていた。

連合軍は必ずオーストラリアを策源地として、反攻に出てくる。その機先を制して、ソロモン群島からニュー・カレドニア、フィジー、サモアを攻略、あわよくばオーストラリアを孤立させることが重要であると判断したのだ。

この米豪遮断作戦の第一歩として押さえておかねばならない地点が、ニューギニアの要港ポート・モレスビーであった。

昭和十七年五月、井上成美《しげよし》中将を司令長官とする第四艦隊は、ポート・モレスビー攻略を目的とするMO作戦を発動した。連合艦隊は、米空母が出動してくる公算が高いとみて、これを阻止するため、空母「翔鶴」「瑞鶴」を基幹とする第五航空戦隊を、井上の麾下《きか》に入れていた。

的を射た配慮であった。実際、アメリカは、空母「ヨークタウン」と「レキシントン」を珊瑚海に出撃させ、第四艦隊を待ち受けていたのである。

ここに、史上初の本格的な空母対空母の激突、珊瑚海海戦が生起した。結果は、日本側が「翔鶴」大破、小型空母「祥鳳《しょうほう》」喪失《そうしつ》、アメリカ側が「レキシントン」沈没、「ヨークタウン」大破と、戦術的には連合艦隊の勝利とみえる。

しかしながら、井上は「翔鶴」が大破した時点でMO作戦を中止、「ヨークタウン」追撃も断念しており、ポート・モレスビー占領の目的は果たせなかった。

早くもこの段階で、二兎《にと》を追いながら、いずれのウサギがより重要であるかを明示しないという昭和海軍の悪癖《あくへき》が顔をのぞかせたのであった。ポート・モレスビー攻略支援に空母を付けるという。だが、米空母が出現したとき、日本空母はその撃滅を優先するのか、それとも、上陸部隊の掩護《えんご》に徹すべきなのか？

そのあいまいさが、珊瑚海海戦における戦果拡張の不徹底と、攻略作戦中止につながったものと思われる。しかも、こうした目的の二重性と優先順位の不分明がもたらす弊害は、来るべきミッドウェイ海戦において、より深刻なかたちで現出するのだった。

止められた連続攻勢——ミッドウェイ海戦

文字通り、太平洋の「道なかば《ミッドウェイ》」にある島とアリューシャン列島を攻略、日本の防衛圏を東に拡大するとともに、米機動部隊を誘引《ゆういん》・撃滅する。かかる構想のもとに立案されたＭＩ（ミッドウェイ）・ＡＬ（アリューシャン）作戦を、連合艦隊司令部が提案したのは、昭和十七年四月のことであった。

この案に対し、軍令部は激しく反対した。軍令部は、長期抗戦に有利な態勢を築き得る米豪遮断作戦には前のめりになっていたものの、遠いミッドウェイに手を出すなど論外だと考

珊瑚海海戦時、爆発する米空母レキシントン

えたのである。

　反対の急先鋒となった軍令部一部一課（作戦）の三代《みよ》辰吉《たつきち》（のち、一就《かずなり》と改名）中佐は、戦後にこう書き残している。「あの孤島での大きな消耗《しょうもう》と補給難、これを続けるために他方面の航空兵力の減少とか、艦隊の作戦行動に及ぼす影響などを、はたしてよくよく勘案《かんあん》されたものだろうか」。

　しかし、山本五十六はミッドウェイ作戦実施を求め続けた。

　長期戦となれば、国力に劣る日本には勝ち目はないと確信する山本にしてみれば、真珠湾以来の勝利で得た相対的な優位が維持されているうちに、アメリカに連続打撃を加え、万に一つの可能性であろうと講和にこぎつける以外に、太平洋戦争に勝つ、というより、負けない方策はなかったのだ。

加えて、山本には、米機動部隊が哨戒《しょうかい》手薄な中部太平洋を衝《つ》いて、帝都東京を空襲するのではないかという危惧《きぐ》があった。

昭和十七年四月十八日、山本の懸念が現実となる。米艦隊が、空母「ホーネット」に搭載した陸軍のB25双発《そうはつ》爆撃機によって、日本本土を攻撃するという奇策に出たのである（空襲後は、空母に着艦することができないので、大陸の中国軍占領地に向かった）。

被害は軽微であったけれども、天皇の都に爆弾を落とされた不面目《ふめんぼく》はぬぐうべくもない。こうした事態の再来を防ぐため、軍令部もミッドウェイ島を攻略し、哨戒線を東に延ばすことに傾いていった。かくて、MI作戦が発動されることになる。

だが、すでに指摘したように、本作戦計画には、昭和の海軍にしばしばみられた悪弊《あくへい》、すなわち目標の二重性が忍び込んでいた。

戦略的には、ミッドウェイとアリューシャンを同時に攻略せんとしたために、兵力を分散してしまったことがいえる。

連合艦隊は、まずアリューシャンを小型空母から成る部隊で叩いて、米艦隊を牽制《けんせい》した上で、ミッドウェイに襲いかかるという構想を抱いていたのだが、それが結果的には決戦海面における兵力の減少を招いたのだ。

事実、ミッドウェイ島周辺における彼我《ひが》の航空戦力は、機数だけでみれば、ほぼ互角になっていたのである。

作戦的には、やはりミッドウェイ島占領と米空母撃滅の二兎を追ったことが批判される。

昭和十七年六月五日、右の欠点は、無残《むざん》なまでの大敗を招くことになった。日本の暗号を解読し、ミッドウェイ近海で待ち受けていた米機動部隊は、同島の航空基地を空襲中だった第一航空艦隊を捕捉、先制攻撃を加えて、大型空母「赤城」「加賀」「蒼龍」に致命打を与えたのだ。

残った空母「飛龍」は奮戦し、米空母「ヨークタウン」を大破させたが（のち、潜水艦が撃沈）、自らも大破し、味方の魚雷で処分された。これにより、日本海軍の戦略的打撃力の中核となっていた、大型空母四隻が失われたのである。

同時に、無きにひとしいとはいえ、絶無ではなかった勝利の可能性も消えた。以後、主導権を失った日本海軍は、ガダルカナルをめぐる諸戦闘、マリアナ沖海戦等で消耗し、敗北の坂を転げ落ちていく。

レイテ沖海戦――未完の「狭海」作戦

昭和十九年（一九四四）十月、フィリピン反攻作戦を開始した連合軍に対し、日本海軍が実行した「捷《しょう》一号」作戦の評価は必ずしも高くはない。

おそらくは、連合艦隊の残存艦艇をほぼ全力で出撃させ、さらには神風特攻隊までも投入しながら、空母や戦艦、巡洋艦の主力を喪失するだけの惨敗《ざんぱい》に終わったためであろう。

ところが、現代アメリカの戦略家、ミラン・ヴェゴ米海軍大学校教授は、その「狭海《ナロウ・シーズ》」（narrow seas）理論にもとづき、レイテ沖海戦における日本海軍の作戦は適切なものだったとしている。このヴェゴの興味深い議論を紹介して、拙論の補遺としよう。

ヴェゴによれば、海戦は「開かれた海《オープン・シーズ》」のみならず、海峡や群島、航空基地などの影響を受ける海域「狭海」においても、しばしば生起する。

後者にあっては、航空機や沿岸要塞《ようさい》、場合によっては、陸軍部隊のおよぼす作用を考慮しなければならないので、前者のそれとは異なる戦略・作戦を必要とするし、そのための適切な行動を策定しなければならぬ。

現代の海上紛争は、こうした「狭海」で生じることが多いと目《もく》されているため、ヴェゴの理論はアメリカのみならず世界の海軍に注目されている（Milan N.Vego, *Naval Strategy*

ブルネイを出港する第一遊撃部隊主力

and Operations in Narrow Seas, 2nd ed.,London, 2003)。

そのヴェゴの視点からは、特攻隊を含む基地航空戦力で米空母の制圧を試みつつ、わずかに残った空母をおとりとして、アメリカの打撃戦力（具体的には米機動部隊）を決戦海面以外に誘引し、その間隙《かんげき》を衝いて、水上部隊が上陸船団の撃滅を狙うという「捷一号」作戦は、「狭海」であるフィリピン海域の特性を生かした絶妙な計画なのであった。

日本人としては面《おも》映《は》ゆいほどの高評価であるが、現実には、ヴェゴが褒《ほ》め称《たた》えてくれた作戦は空《むな》しくなった。

米軍の上陸地点であるレイテ湾に突入する命を受けた栗田健《たけ》男《お》中将の第一遊撃《ゆうげき》部隊に対

し、ほかは顧《かえり》みず、ただ輸送船団を撃滅せよとの明瞭《めいりよう》な指示がなされることはなかった。それどころか、敵艦隊主力を発見した場合には、そちらに向かってもよいとの許可さえ与えられたのである。

ここでもまた、目的の二重性と優先順位の不分明が、せっかくの構想を台無しにしてしまった。その結果、残存空母が米機動部隊を北方に吊り上げ、第一遊撃部隊のレイテ湾突入が可能になったにもかかわらず、栗田は、付近に発見されたという米空母を求めて、頭《こうべ》をめぐらせてしまい――壮図《そうと》は成らなかった。

昭和海軍の宿痾は、最後の最後まで、その作戦につきまとっていたのである。

小谷 賢 [こたに・けん]
昭和48年(1973)生まれ。日本大学危機管理学部教授・PHP総研コンサルティングフェロー。京都大学大学院人間・環境学研究科博士課程修了。専門はインテリジェンス研究、イギリス政治外交史。著書に『日本軍のインテリジェンス』『インテリジェンスの世界史』『日英インテリジェンス戦史』などがある。

須藤眞志 [すどう・しんじ]
昭和14年(1939)生まれ。京都産業大学名誉教授。慶應義塾大学大学院法科研究科修了。法学博士。専門は日米関係史。著書に『日米開戦外交の研究』『新版 戦後世界の潮流』『ハル・ノートを書いた男』『真珠湾〈奇襲〉論争』『20世紀現代史(新装版)』などがある。

戸髙一成 [とだか・かずしげ]
昭和23年(1948)生まれ。呉市海事歴史科学館(大和ミュージアム)館長。㈶史料調査会理事、厚労省所管「昭和館」図書情報部長などを経て、現職。令和元年(2019)、第67回菊池寛賞を受賞。編書に『[証言録]海軍反省会』『特攻 知られざる内幕』、著書に『海戦からみた太平洋戦争』『日本海軍戦史』などがある。

平塚柾緒 [ひらつか・まさお]
昭和12年(1937)生まれ。戦史研究家。取材・執筆グループ「太平洋戦争研究会」を主宰し、数多くの従軍経験者への取材を行う。『八月十五日の真実 大日本帝国が崩壊した運命の日』『新装版 米軍が記録した日本空襲』『玉砕の島 ペリリュー』『新装版 米軍が記録した日本空襲』『写真でわかる事典 沖縄戦』など著書多数。

保阪正康 [ほさか・まさやす]
昭和14年(1939)生まれ。ノンフィクション作家。同志社大学文学部卒業。平成16年(2004)、昭和史の研究により、菊池寛賞を受賞。『昭和史 七つの謎』『陸軍良識派の研究 見落とされた昭和人物伝』『ナショナリズムの昭和』(和辻哲郎文化賞受賞)『昭和史の本質』『石橋湛山の65日』『陰謀の日本近現代史』『檄文の日本近現代史』など著書多数。

松田十刻 [まつだ・じゅっこく]
昭和30年(1955)生まれ。作家。新聞記者、フリーランス(編集・ライター)などを経て、著述業。『東条英機』『乃木希典』『東郷平八郎と秋山真之』『撃墜王 坂井三郎』『龍馬のピストル』『角田覚治』『山口多聞』『紫電改よ、永遠なれ』『提督斎藤實「二・二六」に死す』など著書多数。

【執筆者紹介】（五十音順）

井上寿一［いのうえ・としかず］
昭和31年（1956）生まれ。学習院大学法学部教授・前学長。一橋大学大学院法学研究科博士課程単位取得退学。法学博士。専門は日本政治外交史。『危機のなかの協調外交』で第25回吉田茂賞を受賞。『戦前日本の「グローバリズム」』『教養としての「昭和史」集中講義』『論点別 昭和史』『はじめての昭和史』など著書多数。

江宮隆之［えみや・たかゆき］
昭和23年（1948）生まれ。作家。中央大学法学部卒業。『経清記』で第13回歴史文学賞、『白磁の人』で第8回中村星湖文学賞を受賞。『将軍慶喜を叱った男 堀直虎』『明治維新を創った男―山縣大貳伝』『明智光秀「誠」という生き方』『7人の主君を渡り歩いた男 藤堂高虎という生き方』『満洲ラプソディ―小澤征爾の父・開作の生涯』など著書多数。

大木 毅［おおき・たけし］
昭和36年（1961）生まれ。現代史家。立教大学大学院博士後期課程単位取得退学。専攻はドイツ現代史、国際政治史。千葉大学他の非常勤講師、防衛省防衛研究所講師、陸上自衛隊幹部候補生学校講師などを経て、著述業。『独ソ戦 絶滅戦争の惨禍』『「砂漠の狐」ロンメル』『ドイツ軍事史』『「太平洋の巨鷲」山本五十六』など著書多数。

太田尚樹［おおた・なおき］
昭和16年（1941）生まれ。東海大学名誉教授。『赤い諜報員』『満州裏史』『駐日米国大使ジョセフ・グルーの昭和史』『尾崎秀実とゾルゲ事件』『乱世を生き抜いた知恵』『世紀の愚行―太平洋戦争・日米開戦前夜 日本外交失敗の本質 リットン報告書からハル・ノートへ』『アンダルシアの洞窟暮らし』など著書多数。

川田 稔［かわだ・みのる］
昭和22年（1947）生まれ。名古屋大学名誉教授。日本福祉大学名誉教授。名古屋大学大学院法学研究科博士課程単位取得退学。法学博士。専門は政治外交史、政治思想史。『昭和陸軍の軌跡』で第21回山本七平賞を受賞。『昭和陸軍全史』（1～3）『石原莞爾の世界戦略構想』『近衛文麿と日米開戦』『木戸幸一』『昭和陸軍 七つの転換点』など著書多数。

久野 潤［くの・じゅん］
昭和55年（1980）生まれ。大阪観光大学国際交流学部講師。京都大学大学院法学研究科国際公共政策専攻修了。専門は日本政治外交史や人物顕彰史。著書に『帝国海軍と艦内神社』『帝国海軍の航跡』、共著に『決定版 日本書紀入門』、監修書に『学徒出陣とその戦後史』などがある。

【初出一覧】

いずれも『歴史街道』(PHP 研究所)より

保阪正康 (P13 ~ P21) 2001 年 9 月特別増刊号

井上寿一 (P23 ~ P33) 2019 年 12 月号

平塚柾緒 (P35 ~ P45) 2018 年 12 月号

小谷 賢 (P47 ~ P57) 2019 年 12 月号

戸髙一成 (P59 ~ P69) 2018 年 12 月号

川田 稔 (P71 ~ P84) 2019 年 5 月号

太田尚樹 (P85 ~ P95) 2020 年 12 月号

須藤眞志 (P97 ~ P105) 2009 年 1 月号

戸髙一成 (P109 ~ P120) 2014 年 1 月号

松田十刻 (P121 ~ P130) 2014 年 1 月号

江宮隆之 (P131 ~ P141) 2014 年 1 月号

松田十刻 (P145 ~ P157) 2014 年 1 月号

市來俊男/久野 潤 (P159 ~ P169) 2014 年 1 月号

前田 武/久野 潤 (P171 ~ P181) 2014 年 1 月号

大木 毅 (P183 ~ P198) 2020 年 11 月号

【本文写真提供】

HPS、U.S.Navy photo 他

【本文図表作成】

ウェル・プランニング
P79、144

PHP新書

PHP INTERFACE
https://www.php.co.jp/

『歴史街道』とは

1988年創刊の月刊誌。今ある歴史雑誌では一番の老舗で、昭和、平成、令和と3つの時代にわたって発刊し続けてきました。過去の人物や出来事を取り上げるとはいえ、歴史は現代の人びとに役立たなければ意味がありません。また、歴史は本来、堅苦しく難しいものではなく、もっと身近で楽しいものであるはずです。そして何より、人間を知り、時代の流れを知る上で、歴史ほど有益な参考書はないのです。そこで『歴史街道』は、現代からの視点で日本や外国の歴史を取り上げ、今を生きる私たちのために「活かせる歴史」「楽しい歴史」を、ビジュアルでカラフルな誌面とともに提供します。

PHP新書 1283

日米開戦の真因と誤算

二〇二一年十一月三十日　第一版第一刷

編者――歴史街道編集部
発行者――永田貴之
発行所――株式会社PHP研究所
東京本部――〒135-8137 江東区豊洲5-6-52
第一制作部 ☎03-3520-9615（編集）
普及部 ☎03-3520-9630（販売）
京都本部――〒601-8411 京都市南区西九条北ノ内町11
組版――宇梶勇気
装幀者――芦澤泰偉＋児崎雅淑
印刷所――大日本印刷株式会社
製本所――東京美術紙工協業組合

ISBN978-4-569-85080-1

PHP新書刊行にあたって

「繁栄を通じて平和と幸福を」(PEACE and HAPPINESS through PROSPERITY)の願いのもと、PHP研究所が創設されて今年で五十周年を迎えます。その歩みは、日本人が先の戦争を乗り越え、並々ならぬ努力を続けて、今日の繁栄を築き上げてきた軌跡に重なります。

しかし、平和で豊かな生活を手にした現在、多くの日本人は、自分が何のために生きているのか、どのように生きていきたいのかを、見失いつつあるように思われます。そして、その間にも、日本国内や世界のみならず地球規模での大きな変化が日々生起し、解決すべき問題となって私たちのもとに押し寄せてきます。

このような時代に人生の確かな価値を見出し、生きる喜びに満ちあふれた社会を実現するために、いま何が求められているのでしょうか。それは、先達が培ってきた知恵を紡ぎ直すこと、その上で自分たち一人一人がおかれた現実と進むべき未来について丹念に考えていくこと以外にはありません。

その営みは、単なる知識に終わらない深い思索へ、そしてよく生きるための哲学への旅でもあります。弊所が創設五十周年を迎えましたのを機に、PHP新書を創刊し、この新たな旅を読者と共に歩んでいきたいと思っています。多くの読者の共感と支援を心よりお願いいたします。

一九九六年十月

PHP研究所

［**歴史**］

1104 一九四五　占守島の真実　相原秀起
1108 コミンテルンの謀略と日本の敗戦　江崎道朗
1111 北条氏康　関東に王道楽土を築いた男　伊東　潤／板嶋常明
1115 古代の技術を知れば、『日本書紀』の謎が解ける　長野正孝
1116 国際法で読み解く戦後史の真実　倉山　満
1118 歴史の勉強法　山本博文
1121 明治維新で変わらなかった日本の核心　猪瀬直樹／磯田道史
1123 天皇は本当にただの象徴に堕ちたのか　竹田恒泰
1129 物流は世界史をどう変えたのか　玉木俊明
1130 なぜ日本だけが中国の呪縛から逃れられたのか　石　平
1138 吉原はスゴイ　堀口茉純
1141 福沢諭吉　しなやかな日本精神　小浜逸郎
1142 卑弥呼以前の倭国五〇〇年　大平　裕
1152 日本占領と「敗戦革命」の危機　江崎道朗
1160 明治天皇の世界史　倉山　満
1167 吉田松陰『孫子評註』を読む　森田吉彦
1168 特攻　知られざる内幕　戸髙一成［編］
1176 「縄文」の新常識を知れば　日本の謎が解ける　関　裕二
1177 「親日派」朝鮮人　消された歴史　拳骨拓史
1178 歌舞伎はスゴイ　堀口茉純
1181 日本の民主主義はなぜ世界一長く続いているのか　竹田恒泰
1185 戦略で読み解く日本合戦史　海上知明
1192 中国をつくった12人の悪党たち　石　平
1194 太平洋戦争の新常識　歴史街道編集部［編］
1197 朝鮮戦争と日本・台湾「侵略」工作　江崎道朗
1199 関ヶ原合戦は「作り話」だったのか　渡邊大門
1206 ウェストファリア体制　倉山　満
1207 本当の武士道とは何か　菅野覚明
1209 満洲事変　宮田昌明
1210 日本の心をつくった12人　石　平
1213 岩崎小彌太　武田晴人
1217 縄文文明と中国文明　関　裕二
1218 戦国時代を読み解く新視点　歴史街道編集部［編］
1228 太平洋戦争の名将たち　歴史街道編集部［編］
1243 源氏将軍断絶　坂井孝一
1255 海洋の古代日本史　関　裕二
1267 日本陸海軍、失敗の研究　歴史街道編集部［編］
1279 第二次大戦、諜報戦秘史　岡部　伸